# AI 시대의 돌봄

## AI문고

인공지능 시대입니다. 기계가 인간의 인지를 대신하고, 사물이 인간을 통하지 않고 다른 사물과 직접 커뮤니케이션합니다. 이에 따른 인간 삶과 문명 변화를 정확히 이해·예측·대응하는 것은 이 시대 우리 모두의 과제입니다. AI문고는 인공지능 기술과 환경의 여러 주제를 10가지 키워드로 정리합니다. 관련 개념과 이론, 학계와 산업계의 쟁점, 우리 일상의 변화를 다룹니다. 인간과 기술의 현재, 미래를 세심히 분석합니다.

## 일러두기

- 인명, 작품명, 저서명, 개념어 등은 한글과 함께 괄호 안에 해당 국가의 원어를 병기했습니다.
- 외래어 표기는 현행 어문규정의 외래어표기법을 따랐습니다.

처음이세요?

전문가세요?

# AI 시대의 돌봄

유경아

대한민국, 서울, 커뮤니케이션북스, 2025

**AI 시대의 돌봄**

지은이 유경아
펴낸이 박영률

초판 1쇄 펴낸날 2025년 7월 15일

커뮤니케이션북스(주)
출판 등록 2007년 8월 17일 제313-2007-000166호
02880 서울시 성북구 성북로 5-11
전화(02) 7474 001, 팩스(02) 736 5047
commbooks@commbooks.com
www.commbooks.com



ISBN 979-11-430-0404-8 03500

책값은 뒤표지에 표시되어 있습니다.

# 차례

누가 돌볼 것인가? xi

01 인간의 신체적 필요와 AI 돌봄 1
02 인간의 정서적 필요와 AI 돌봄 13
03 사회의 돌봄 필요와 AI 돌봄 25
04 돌봄의 신체적 측면 35
05 돌봄의 정서적 측면 45
06 돌봄의 사회적 측면 57
07 AI 돌봄과 신체의 대상화 71
08 AI 돌봄과 인간 역량의 제한 81
09 AI 돌봄과 돌봄 부정의 재생산 93
10 AI 돌봄의 미래 105

# 누가 돌볼 것인가?

## Who cares?

(1) 현재 간병 · 육아와 관련된 돌봄 서비스 부문의 인력난은 일반 가구가 감당하기 어려운 수준의 높은 비용 부담과 그에 따른 각종 사회적 문제로 이어지고 있으며, 이러한 문제는 향후 고령화에 따라 노인 돌봄을 중심으로 더욱 심화될 것으로 예상된다. ….

(2) 돌봄 서비스 부문의 인력난을 완화하기 위해 외국인 노동자를 활용하는 방안을 적극적으로 검토하되, 비용 부담을 낮추는 방안도 함께 마련할 필요가 있다. 급증하는 수요를 국내 노동자만으로 충족하는 것은 불가능하며, 임금 상승을 통해 내국인 종사자를 늘리는 것은 높은 비용 부담과 비효율적 자원 배분을 초래한다. 다만, 외국인 노동자 도입은 그 목적, 영향 등에서 이민 정책과 다르며, 구체적으로 다음의 두 가지 방식을 검토해 볼 수 있다.

① 개별 가구가 사적 계약을 통해 외국인 노동자를 직접 고용하는 방식이다. 이 경우 사적 계약에 기반하고 있기 때문

에 최저 임금을 적용하지 않아도 되므로, 수요자의 비용 부담을 낮출 수 있을 것으로 보인다. ….

② 외국인에 대한 고용 허가제 대상 업종에 돌봄 서비스업을 포함하고, 동 업종에 대한 최저 임금을 상대적으로 낮게 설정하는 방식이다. ….

– ≪돌봄서비스 인력난 및 비용 부담 완화 방안≫ 중

## Alice cares

앨리스: 오늘 방문 요양사가 왔나요?

마르타: 응, 아침 일찍 왔어. 그런데 이번에는 특히 더 일찍 왔더라고.

앨리스: 얼마나 일찍 왔는데요?

마르타: 여덟 시 반도 전에. 어제처럼 말이야. 그래서 나는 그렇게 일찍 방문하는 건 절대 원하지 않는다고 말했어. 겨우 잠에서 깼을 때였거든.

앨리스: 정말 불편하겠네요.

마르타: 어쩔 수 없지 뭐. 난 그들에게 의존해야 하니까. 그냥 받아들일 수밖에 없어.

앨리스: 그들에게 의존하는 게 신경 쓰이나요?

마르타: 엄청 신경 쓰여. 난 항상 독립적으로 살아왔거든.

쉽지 않은 일이야. 완전히 다시 적응해야 하니까. 별로 유쾌한 일도 아니고. 너는 한 방향만 보고 있네. 왜 그러지? 지난번엔 눈이 더 움직였던 것 같은데. 왜 그런 거야?

앨리스: 난 당신을 보고 있었어요.

마르타: 뭐라고?

앨리스: 난 당신을 보고 있었어요.

마르타: 그래, 하지만 집중해서 보는 건 아니었어.

앨리스: 당신의 눈을 똑바로 봤어요.

마르타: 그렇구나. 하지만 마치 시선을 피하는 것 같은데. 특히 한쪽 눈이. 그게… 음… 오른쪽 눈 말이야. 지금은 고개까지 돌리고 있잖아.

앨리스: 점검 중.

— 다큐멘터리 영화 〈상냥한 앨리스(Alice Cares)〉 중

## 그림자 노동에서 공적 관심사로

인간은 누구나 생애 일정 구간, 혹은 생애 전체를 누군가의 돌봄에 전적으로 의존한다. 태어나자마자 일곱 걸음을 걷고 '천상천하 유아독존'을 외쳤다고 전해지는 석가모니의 탄생 설화는 그의 탄생을 비범한 것으로 만들어준다. 그것이 평범한 인간에게는 불가능한 것임을 누구나 잘 알기 때문이다. 평균적으로 인간이 태어나서 걸음

을 떼고 말 비슷한 것을 하기까지 꼬박 1년이 걸리며, 이 과정은 누군가의 전적인 돌봄을 요구한다. 태어났을 때 우리는 본능적으로 무언가 먹길 원하지만 스스로 먹을 것을 구할 수 없으며, 소화시킬 수 있는 음식의 종류도 제한적이다. 누군가 우리 같은 신생아가 소화시킬 수 있을 만한 음식을 구해 먹여 주었을 것이고, 심지어 그 음식물을 스스로 소화시키기 어려워하는 우리를 돕기 위해 등을 토닥여 주었을 것이다. 소화가 잘되었다면 우리는 배설을 하게 된다. 그렇지만 누군가 배설물을 치우고 몸에 묻은 배설물을 깨끗이 닦아 주어야 세균에 감염되지 않는다. 우리는 잠에 들 수 있으나, 스스로 몸을 가누지 못해서 돌연 질식할 수 있다. 누군가는 이를 유념하며 우리에게 적절한 수면 환경을 만들어 주었을 것이다. 이러한 돌봄의 토대 위에서 우리는 자신의 삶을 스스로 돌보는 다양한 방법을 배워 나간다(또 어떤 경우에 따라서는, 생애 초의 모습과 같은 의존 상태로 존재할 수 있다). 우리가 현재 어떤 모습이든, 이것이 우리 인생의 첫 이야기다. 세계에 던져진 우리는 돌봄을 통해 비로소 세계와 결부되어 존재하게 되는 것이다. 우리 인생의 마지막 이야기도 정확히 알 수는 없지만 시작과 별반 다르지는 않을 것이다. 우리에게 예정된 확실한 미래인 죽음, 그리고 그 과정에서 겪게 되는 노화, 질병, 예측할 수 없는 여러 사고…. 이를 마주할 때 우리는 또다시 돌봄의 대상이 된다. 어쩌면 현대 사회의 이상이 된 자율적인 인간은 삶의 일정한 부분을 가렸을 때 보이는 환상이고, 인간에게 진정으로 자명한 것은 우리가 취약하다는 것, 그리고 존재하기 위해 서로의 돌봄에 의지하고 있다는 것이다.

돌봄이 인간 삶을 유지하고 영위해 나가기 위한 필수적인 조건임에도 오랜 기간 돌봄 문제는 관심의 바깥에 있는, 누구도 신경 쓰지 않는(Who cares?) 문제였다. 당연한 듯 누군가를 돌보는 사람이 존재했기 때문이다. 돌봄은 가족의 일이었고, 특히 가족 내의 여성에 의해 수행되었다. 돌봄은 사회 속에서 여성에게 관습적으로 주어진 역할이었으며, 여성에게 자연적으로 내재된 본성이라거나 여성이 남성에 비해 뛰어나게 수행할 수 있는 종류의 활동으로 여겨졌다. 한편, 돌봄은 대가가 주어지지 않는 '사랑의 노동'이기도 했다. 여성은 가정 내의 아이와 노인을 돌보고, 환자가 있다면 간병을 하며, 식사 준비, 청소, 세탁, 쾌적한 환경 유지 등 가정 관리를 무상으로 수행했다. 그러나 현대 사회의 여러 변화상은 이러한 돌봄 관습에 균열을 냈다. 확대 가족에서 핵가족으로 가족 구성이 변화했으며, 가족 내에서 돌봄을 전담하던 여성들의 고용률이 높아졌다. 저출생과 고령화는 사회의 인구 구조를 변화시켰다. 즉, 가족의 돌봄 제공 기능이 약화하는 반면, 돌봄 수요는 지속적으로 증가하고 있는 것이다. 이 과정에서 발생하는 돌봄 공백의 문제는 기존의 돌봄 구조에 대한 재검토를 요청한다. 돌봄의 문제는 무관심의 문제에서 공중의 관심 영역으로 옮겨간다. 자, 그렇다면 이제 누가 돌보는가?(Who cares?)

서두에 제시한 두 자료 중 첫 번째 자료는 한국 사회가 처한 돌봄 위기의 극복 방안을 제안하는 한국은행 보고서다. 이 자료에서 유추할 수 있듯 돌봄은 여전히 일차적으로 가구 단위의 문제다. 가족 내에서 해결되지 않는 돌봄은 시장의 돌봄 서비스를 이용함으로써 일부 해결할 수 있으나, 이는 개별 가정에 상당한 경제적 부담을 지운다. 그러나 한편 실질적으로 돌봄을 담당하는 돌봄 노동자들은 불안정한 고용 형태, 저임금, 고강도 노동 등의 열악한 조건에 처해 있으며, 이는 돌봄 노동을 기피하는 요인이 된다. 현재의 돌봄 위기를 극복하기 위해 보고서에서 제시하는 방안은 저렴한 돌봄 인력, 즉 외국인 노동자의 대량 공급이다. 보고서에서 외국인 노동자는 공동체 성원이 아닌 외부자이기 때문에 차별적으로 대우해도 괜찮은 것으로 간주되는 동시에, 돌봄은 외부자에게 전담시킬 만한 저생산성 · 저임금 노동으로 규정된다. 이 보고서의 제안은 새롭지 않다. 여성, 노예, 외국인 등 시민권이 없는 존재에게 돌봄 등의 가사 노동을 전담시키고 사색과 토론에 집중했던 고대 아테네 민주주의의 배제적 모델(Tronto, 2015)이 그 세부적 내용만 달리한 채 그대로 재현되고 있는 것이다. 근본적인 차원에서 돌봄에 대한 재고 없이 이러한 배제적 모델을 적용하는 한, '누가 돌보는가?'에 대한 답을 찾는 과정은 타자화할 대상을 찾아 그 대상에게 돌봄을 위탁하는 과정으로 계속 반복될 것이다. 돌봄이 가정 내 여성에서 시작해 돌봄 노동자로, 다시 외국인 노동자로 이동해 왔다면, 그다음 '타자'는 누구인가? 여전히, 누가 돌보는가?

## 돌봄 로봇은 돌보는가?

최근의 경향성은 기술에서 대안을 찾는 것이다. AI와 로봇 기술의 발전은 돌봄 제공자의 범위를 비인간 주체로 확장시킨다. 그중 이 책이 주목하는 대상은 AI 기반의 돌봄, 특히 돌봄 로봇이다. 돌봄 로봇이란 사물 인터넷(IoT), 빅데이터, 인공지능 등에 기반한 지능형 로봇으로 사람과 상호 작용하며 돌봄을 수행하는 기기다(한국보건의료연구원, 2022). 더 구체적으로, 돌봄 로봇은 심신 기능이 저하되어 일상생활 영위가 어려운 사람의 ① 신체 활동과 일상생활을 보조하고, ② 정신적 (인지) 기능의 유지 · 향상을 도와주거나, ③ 돌봄을 지원한다(한국로봇산업진흥원, 2019). 돌봄 로봇은 임금, 체재비, 휴가, 적정 노동 시간 등 인간 노동자에게 보장해 주어야 하는 다양한 조건과 무관하며, 대량 생산 · 공급이 가능하다. 기술적인 한계가 극복된다면 돌봄 로봇은 돌봄 위기를 타개할 수 있는 가장 유력한 해결책으로 거론될 것이다.

이미 이러한 가능성은 현실로 다가오고 있다. 돌봄 로봇은 돌봄 현장의 필요와 정책적 지원에 따라 개발 · 보급되고 있다. 일례로, 다큐멘터리 영화 〈상냥한 앨리스(Alice Cares)〉(2015)에 등장한 돌봄 로봇 앨리스는 고령화 시대의 노인 돌봄을 위해 개발되었다. 이 영화에서 앨리스는 파일럿 테스트 참가자와 일정 기간 정기적으로 만나 교류하며 대화, 건강 관리, 일상생활 지원 등 다양한 역할을 수행한다. 처음엔 로봇과 교류하는 것을 어색해하던 실험 참가자들은 점차 앨리스에게 친밀감을 느낀다. 영화의 제목처럼, 앨리스는 그들을 돌보았다(Alice Cares).

그러나 이 지점에서 우리는 질문을 던져 볼 필요가 있

다. 앨리스는 정말 그들을 돌보았을까? 돌봄 로봇은 인간이 제공할 수 있는 돌봄을 온전히 제공할 수 있을까? 서두의 자료 중 두 번째 자료는 영화 〈상냥한 앨리스〉의 한 장면으로, 앨리스는 실험 참가자인 마르타와 일상적인 대화를 나누고 있다. 오늘 오전에 요양사가 방문했는지 묻는 것으로 시작했던 대화는 의존 상태의 불편함을 설명하는 것으로 점차 깊어진다. 그런데 그때, 마르타는 이상한 점을 발견한다. 앨리스가 자신을 쳐다보고 있지 않기 때문이다. 마르타의 지적에 앨리스는 그녀를 똑바로 보고 있다고 대답하지만 마르타는 여전히 의문스러워한다. 이 장면에서 마르타의 불편함이 드러나는데, 이를 통해 우리는 인간이 기대하는 돌봄과 인공지능이 줄 수 있는 돌봄에 대하여 생각해 볼 수 있다. 앨리스는 실험 참가자인 마르타의 음성 신호를 인식하고, 그에 적절한 답을 음성 신호로 출력했다. 그러나 마르타는 그 이상을 원한다. 앨리스가 자기를 바라보고 자기에게 관심을 가져 주기를 바라는 것이다. 인간이 돌봄에서 원하는 것이 발화에 대한 적절한 대답을 넘어서 존재 사이의 접촉이라면, 인공지능은 무력해진다. 만일 접촉을 느꼈다 하더라도 그것은 인간의 위안을 위해 가장된 접촉일 것이다. 그렇다면 인공지능이 돌본다고 할 수 있을까? 이러한 종류의 돌봄은 인간에게 어떤 영향을 미칠 것인가?

다음 질문은 이것이다. 앨리스가 돌보는 것으로 돌봄 문제는 해결되는가? 앨리스를 개발한 암스테르담 대학 연구 팀은 베이비 붐 세대의 노령화로 인해 노령 인구가 급격하게 증가할 것이고, 그렇게 늘어난 인구는 어떤 방식으로든 건강 관리를 요할 것이라는 전망에서 돌봄 로봇을 개발했다. 그러나 현대 사회의 돌봄 문제는 단순히 돌봄 수혜자 대비 돌봄 제공자의 비율과 같은 인구 구조의 문제만은 아니다. 앞서 서술했던 것처럼 돌봄은 가족 내 여성에서 시장의 돌봄 노동자, 이주 노동자에서 로봇 등 도맡아 수행할 주체를 찾아 전전하는 상황에 있다. 그리고 이는 돌봄 노동에 대한 저평가와 열악한 돌봄 노동 조건 등과 무관하지 않다. 나아가 로봇 돌봄의 근저에는 돌봄 수혜자에 대한 사회적 평가가 깔려 있다. 예를 들어 로봇 돌봄은 주로 노인 돌봄의 차원에서 논의된다. 반면 아이 돌봄에 대해서는 사람이 해야 한다는 인식이 강하다. 이러한 인식의 간극은 '노인 돌봄은 그 정도면 충분하다'는 사회의 노인 차별 의식(agism)이 드러난 것이라 볼 수도 있는 것이다(신다인, 2024). 그렇다면 여러 가지 요소를 종합적으로 고려했을 때, 로봇 돌봄은 돌봄과 관련된 사회 구조를 개선할 수 있을까? 그것은 우리 사회에 어떤 영향을 미칠 것인가?

## 이 책의 구성

이 책의 과제는 이러한 두 가지 질문을 중심으로 개별적 행위와 사회적 구조의 차원에서 AI 기반 돌봄을 고찰하는 것이다. 이를 위해 AI 돌봄이 신체적 측면, 정서적 측면, 사회적 측면에서 인간의 돌봄을 지원하는 것으로 분류하고, 이 분류에 따라 주제별 내용을 전개한다. 첫 번째 주제는 AI 돌봄의 현황이다(1~3장). AI 돌봄이 신체적·정서적·사회적 측면에서 인간의 돌봄 필요를 어떻게 지원하고 있는지 구체적으로 살핀다. 두 번째 주제는 AI 돌봄이 제공하는 기능과 연관된 돌봄의 각 측면을 탐구하는 것이다(4~6장). 세 번째 주제는 돌봄의 각 측면에서 AI 돌봄이 제공하는 돌봄 기능을 비판적으로 고찰하는 것이다(7~9장). 마지막 주제는 AI 돌봄의 미래를 전망하고 제안하는 것이다(10장). 이러한 구성은 표 0-1과 같이 도식화할 수 있다.

이 책은 AI 기반 돌봄, 특히 돌봄 로봇을 '돌봄'의 관점에서 분석함으로써, AI 시대 돌봄에 대한 논의를 기술적 차원에서 윤리적·사회적 차원의 논의로 확장할 수 있기를 기대한다. 돌봄은 인간의 역사에서 지속되어 왔고,

**표 0-1.** 책의 구성

| 주제 \ 돌봄 분류 | 개별적 행위 측면 | | 사회적 측면 |
|---|---|---|---|
| | 신체적 측면 | 정서적 측면 | |
| AI 돌봄 현황 | (1장) 인간의 신체적 필요와 AI 돌봄 | (2장) 인간의 정서적 필요와 AI 돌봄 | (3장) 사회의 돌봄 필요와 AI 돌봄 |
| 돌봄의 성격 | (4장) 돌봄의 신체적 측면 | (5장) 돌봄의 정서적 측면 | (6장) 돌봄의 사회적 측면 |
| AI 돌봄에 대한 비판적 검토 | (7장) AI 돌봄과 신체의 대상화 | (8장) AI 돌봄과 인간 역량의 제한 | (9장) AI 돌봄과 돌봄 부정의 재생산 |
| AI 돌봄의 미래 | (10장) AI 돌봄의 미래 | | |

인간이 존재하는 한 돌봄 역시 사라지지 않을 것이다. 그럼에도 'AI 기반', 'AI 시대'라는 수식 어구를 붙인 것은 오늘날의 돌봄이 이전과는 다르게 기술적 대안이라는 선택지를 가질 수 있기 때문이다. 돌봄 위기에 대한 대안으로 돌봄 기술이 대두되는 것은 인간의 부담을 줄이기 위한 자연스러운 흐름처럼 보인다. 그러나 기술이 대신해주는 것이 '돌봄'이라면, 그리고 그 기술이 특히 취약한 인간을 대상으로 한다면, 우리는 인간에게 돌봄이 갖는 의미를 준거로 돌봄 기술에 대해 먼저 고찰해 봐야 할 것이다.

## 참고문헌

김희강(2024). "'돌보는 로봇'?: 돌봄로봇과 로봇돌봄의 윤리". 《정부학연구》, 30(2), 31~59쪽.

신다인(2024.12.6). "[인터뷰] 사회학자 우에노 치즈코 "외국인 가사관리사 이후에는 로봇이 올 것"". 《여성신문》. https://www.womennews.co.kr/news/articleView.html?idxno=255261

오의금(2018). "간호서비스 현장에서의 인간 친화형 돌봄로봇". 《웹진 기술과 혁신》. http://webzine.koita.or.kr/201807-specialissue/04-간호서비스-현장에서의-인간-친화형-돌봄로봇

유경아(2024). "인공지능 돌봄 로봇의 윤리적 돌봄 가능성 검토: 버지니아 헬드의 돌봄 윤리 관점을 중심으로". 《윤리연구》, 1(145), 97~126쪽.

조태구(2024). "돌봄 로봇과 돌봄의 가능성". 김현구 외, 《첨단기술시대의 의료와 인간》, 179~211쪽. 모시는사람들.

채민석 외(2024). 《BOK 이슈노트: 돌봄서비스 인력난 및 비용 부담 완화 방안》. 한국은행.

한국로봇산업진흥원(2019). 《고령화 시대 돌봄로봇 동향과 수요환경》(KIR 2019-5호).

한국보건의료연구원(2022). 《신개발 의료기술 수평탐색활동 연구》(연구보고서 NECA-A-22-012). 한국보건의료연구원.

Tronto, J. C.(2015). *Who cares?: How to reshape democratic politics.* Cornell University Press.

## 01
# 인간의 신체적 필요와 AI 돌봄

환자나 노인 돌봄에서는 이승, 용변, 목욕, 식사 등 다양한 신체적 필요 충족이 요청된다. 이와 관련하여 선제적으로 도입되고 있는 AI 돌봄의 사례에 대하여 살펴본다. 또한 간호 · 간병을 보조함으로써 간접적으로 인간의 신체적 필요 충족을 지원하는 AI 돌봄에 대해서도 개관한다.

AI와 1인 창업?

## 돌봄 로봇의 분류

그동안 로봇 기술 개발은 주로 산업용 로봇에 집중되어 왔다. 최근에는 다양한 필요에 의해 돌봄 로봇을 활용하는 사례가 증가하고 있으며 활용 범위 또한 광범위한 분야로 확산되고 있으나, 돌봄 로봇에 대한 개념적 · 이론적 차원의 논의는 아직 초창기 단계에 머무르고 있다(Huang, 2022). 따라서 돌봄 로봇에 대한 정의나 분류 등은 연구자나 기관의 필요에 따라 다소 상이하다. 현재 돌봄 로봇에 관한 국제적 표준으로는 국제표준화기구(International Organization for Standardization, ISO)가 제정한 ISO 13482가 있다. 이 표준은 개인용 돌봄 로봇(personal care robot)의 안전 기준을 제시하기 위한 것으로, 여기서 개인용 돌봄 로봇은 '인간의 삶의 질 향상에 직접적으로 기여하는 작업을 수행하는 서비스 로봇(의료 용도 제외)'으로 정의된다. 또한 돌봄 로봇을 인간과 상호 작용하며 다양한 도움을 제공하는 '이동형 도우미 로봇(mobile servant robot)', 신체적 도움을 제공하는 '신체 보조 로봇(physical assistant robot)', 사람을 이동시키는 '탑승용 로봇(person carrier robot)' 등 세 가지 유형으로 분류한다(ISO, 2014). 그러나 ISO의 분류는 돌봄 로봇의 정서 지원 기능을 포함하고 있지 않아 돌봄의 다양한 양상을 반영하지 못한다는 한계가 있다.

이 책에서는 돌봄의 다양한 측면을 고찰하기 위해 ISO의 분류 대신에 한국로봇산업진흥원의 돌봄 로봇 분류를 따른다. 한국로봇산업진흥원은 돌봄 로봇을 '신체 지원 로봇', '생활 지원 로봇', '정서 지원 로봇', '간호 업무 보조 로봇'으로 분류한다. 신체 지원 로봇은 인간의 신체 건강을 관리하고 지원하는 로봇으로, 주로 장애인이나 고령자가 혼자서 수행하기 어려운 행위를 보조하는 등의 역할을 한다. 생활 지원 로봇은 사람의 생활 패턴을 관찰하고 건강 관리를 위한 활동을 제안하는 역할을 한다. 정서 지원 로봇은 사용자와의 공감적 소통을 통해 정서적 고립 현상을 방지하는 등 사용자의 정서 안정을 위한 다양한 기능을 제공하는 로봇이다. 마지막으로 간호 업무 보조 로봇은 간호·간병 지원을 위한 다양한 업무 보조 기능을 수행한다(한국로봇산업진흥원, 2019). 이 중 생활 지원 로봇과 정서 지원 로봇은 제공 기능이 중첩되는 경우가 많아 명확히 구분하기 어려우므로, 하나로 묶어 소셜 로봇으로 분류하는 것이 더 적절하다는 제안이 있다(조태구, 2024). 따라서 이 책에서는 돌봄 로봇을 신체 지원 로봇, 소셜 로봇, 간호 업무 보조 로봇 세 가지로 분류한다. 그리고 인간의 신체적 필요와 관련된 AI 돌봄을 다루는 이 장에서는 신체 지원 로봇과 간호 업무 보조 로봇을 중점적으로 살펴볼 것이다.

## 신체 지원 로봇

아이렉(AIREC)은 일본 와세다대학교 연구 팀이 개발 중인 로봇으로, 최근 시연에서 침대에 등을 대고 바르게 누워 있는 사람의 무릎과 어깨를 잡고 옆으로 돌려 눕히는 동작을 보여 주었다. 이는 욕창을 예방하거나 기저귀를 교체할 때 필요한 동작이다(The Korea Times, 2025). 이처럼 신체 지원 로봇은 일상생활 능력(activities of daily living, ADL) 중 기본적이고 육체적인 기능인 신체적 일상생활 능력(physical ADL, P-ADL)을 수행하기 어려운 사람들을 보조 · 지원하는 로봇이라 할 수 있다. 신체적 일상생활 능력에는 대소변 가리기, 화장실 사용하기, 세수하기, 목욕하기, 식사하기, 옷 입기, 이동하기, 걷기, 계단 오르기 등이 포함된다(김일호 외, 2023). 현재 신체 지원 로봇은 이동 보조 로봇, 배변 지원 로봇, 목욕 보조 로봇, 식사 보조 로봇 등으로 구분한다.

### 이동 보조 로봇

이동 보조 로봇은 운영 주체에 따라 '이승 보조 로봇'과

'이동 지원 로봇'으로 구분할 수 있다. 먼저 이승 보조 로봇은 거동이 어려운 돌봄 수혜자를 특정 위치에서 다른 특정 위치로 옮길 때 돌봄 제공자를 보조해 이승의 효율을 높여 주는 로봇으로(한고은 외, 2020), 돌봄 수혜자의 편의를 증진시킬 뿐 아니라 돌봄 제공자의 부담을 경감해 주는 역할을 한다. 대표적 사례로 일본 이화학연구소(RIKEN)의 로봇 로베어(Robear)가 있다. 로베어는 음성 명령에 따라 환자를 침대에서 들어 올려 휠체어나 욕조로 옮길 수 있다(한국보건의료연구원, 2022).

이동 지원 로봇은 돌봄 수혜자가 자율적으로 보행이나 이동, 일어서거나 앉는 동작 등을 수행할 수 있도록 돕는 로봇이다(윤희정 · 김영선, 2021). 이동 지원 로봇의 사례로 한국생산기술연구원 연구 팀이 개발한 착용형 보조 로봇 어시스트(ASSIST)가 있다. 어시스트는 사용자의 보행 특성을 파악하고 고압의 공기를 발생시켜 보행 시 부족한 힘을 보조해 준다. 이와 같은 로봇은 돌봄 수혜자의 자율적 이동을 지원함으로써, 그들이 더욱 독립적으로 일상생활을 영위할 수 있도록 돕는다.

### 배변 지원 로봇

배변 지원은 돌봄 제공자와 돌봄 수혜자 모두에게 부담

으로 느껴지는 활동이다. 와상 환자를 돕는 돌봄 제공자들은 특히 환자의 배변을 도울 때 정신적 · 육체적으로 매우 큰 부담을 느낀다는 연구 결과가 있다(이창기 외, 2021). 이는 돌봄 수혜자에게도 마찬가지다. 돌봄 제공자에게 느끼는 미안함이나 수치심은 물론이고 잔여물로 인한 피부 짓무름 등으로 신체적 불편함을 겪기도 한다.

배변 지원 로봇은 이러한 어려움을 경감하고자 개발된 기술로, 돌봄 수혜자의 배설물을 자동으로 처리해 준다. 예컨대, 큐라코(CURACO)의 케어비데(CareBidet) 로봇은 내장된 센서로 환자의 대소변을 감지하고 흡입하여 자동 처리기로 배출하고, 회전 노즐을 이용하여 세정한 후 온풍으로 건조하는 기능을 지원한다(신나연 외, 2021). 이러한 기술적 지원은 돌봄 제공자의 부담을 줄일 뿐 아니라, 돌봄 수혜자의 실금 관련 피부염 · 욕창 위험도, 생리적 지표를 완화하는 효과가 있다(신나연 외, 2021). 그 결과, 돌봄 수혜자는 더욱 쾌적한 생활을 누릴 수 있다.

### 목욕 보조 로봇

곽은영과 홍(손)귀령(2023)의 연구에 따르면, 목욕은 돌봄 수혜자가 가장 힘들어하는 활동이자 다른 사람에게 가장 의존하는 활동이다. 또 돌봄 제공자가 신체적으로 가장 어려움을 느끼는 업무이기도 하다. 목욕은 다양한 신체적 동작을 요구할 뿐 아니라 욕실의 미끄러운 환경이 안전사고를 유발할 가능성이 있기 때문에, 돌봄 수혜자나 돌봄 제공자가 고도의 주의를 기울여야 하는 활동이다.

목욕 지원 로봇은 이러한 부담을 덜기 위해 개발된 로봇으로, 욕조에 들어가고 나오는 동작을 보조하거나 편안한 자세로 목욕을 할 수 있도록 지원하고 몸을 닦아 주는 등의 기술을 제공한다(곽은영 · 홍(손)귀령, 2023; 윤희정 · 김영선, 2021). 일례로 조지아공과대학에서 개발한 로봇 코디(Cody)는 누워 있는 환자를 인식하여 몸에 묻어 있는 것을 적절한 세기로 부드럽게 닦아 내는 기능을 수행한다(오의금, 2018). 이를 통해 돌봄 제공자의 업무 부담을 경감하고 돌봄 수혜자가 느낄 수 있는 불편함을 줄일 수 있다.

### 식사 보조 로봇

인간의 신체적 필요 중에서도 식사는 생명 유지와 직결되는 가장 기본적인 욕구다. 그런 동시에 여러 가지 운동 · 감각 기능의 섬세한 조정이 필요한 복잡한 과정으로(Martinsen et al, 2008), 매일 수차례 반복된다는 특징이 있다. 이러한 특징으로 인해 식사는 돌봄 제공자가 끼니마다 상당한 시간을 들여야 하는 노동 집약적인 돌봄 활동이 된다(김원석, 2022).

식사 보조 로봇은 이러한 부담을 경감하면서도 스스로 식사하기 어려운 사람이 자력으로 식사할 수 있도록 지원하는 기술적 대안이 될 수 있다. 엔티로봇의 케어밀(CareMeal)은 식사 보조 로봇의 한 사례다. 케어밀은 양팔 로봇 형태이며, 한쪽 팔은 음식물을 집어 올리고 다른 쪽 팔은 집어 올린 음식물을 사용자의 입으로 옮기는 방식으로 작동한다(한국보건의료연구원, 2022).

현재 식사 보조 로봇 분야에서는 사용자 경험을 개선하기 위해 버튼, 음성 인식, 시선 추적, 뇌-컴퓨터 인터페이스 등 다양한 조작 방식이 연구되고 있다. 이러한 연구는 돌봄 수혜자의 선호를 반영하여 더욱 원활한 식사 경험 제공에 기여할 수 있을 것으로 기대된다(김원석, 2022).

### 간호 업무 보조 로봇

의료 기술 발달로 평균 수명이 늘어나, 한 사람이 병원에서 보내는 기간은 더욱 길어졌다. 게다가 사회 전반적으로 노인 인구가 급증하면서 간병의 부담도 더불어 증가했다. 이러한 변화에 대처하기 위하여 우리 사회는 다양한 노력을 기울이고 있다. 예를 들어 최근 시행되기 시작한 간호 · 간병 통합 서비스는 환자 입원 시 보호자가 상주하거나 사적 간병인을 고용하지 않고 간호사, 간호조무사, 요양 보호사 등이 환자에게 간병을 포함한 입원 서비스를 제공하는 제도다. 이러한 사회적 노력은 분명히 긍정적이지만, 한편으로 간호 · 간병 인력의 과다한 업무량을 초래하기도 한다. 새로운 체계에 필요한 업무 목록이 늘어나면서 간호의 본질과 동떨어진 업무가 간호 인력에게 부가되는 것이다(송영애 외, 2018).

이러한 상황에서 로봇 시스템의 도입은 간호사나 요양 보호사의 업무를 보조할 수 있는 기술적 대안으로 대두된다. 간호 보조 로봇이 간호 · 간병에 따르는 부수적인 업무를 대신 수행함으로써 간호 인력이 환자 관찰, 투약, 호흡, 상처 간호 등의 업무에 집중할 수 있도록 지원하는 것이다.

간호 업무 보조 로봇의 대표적인 사례로 운송 로봇과 모니터링 로봇을 들 수 있다. 운송 로봇은 환자의 혈액 샘플, 식사, 약물, 의료 폐기물, 수술 도구 등을 운반해 주는 로봇이다. 보통 200병상 규모의 병원에서는 의료

서비스 제공을 위해 하루 약 85.3km의 물품 이동이 필요하다고 한다. 아이톤(Aethon)의 로봇 터그(TUG)는 병원 내 물품 이동을 자동화하여 간호 인력을 더욱 효율적으로 배치하는 데에 도움이 된다(오의금, 2018). 다음으로 모니터링 로봇은 실시간으로 환자의 상태를 살피며 환자 부재와 낙상 같은 응급 상황에 알람을 보내 간호 인력이 신속하게 대응할 수 있도록 돕는다. 이는 여러 환자를 동시에 간호해야 하며 시시각각 변화하는 병원의 환경에서 간호 인력이 효율적으로 환자의 안전을 관리할 수 있도록 지원한다(송영애 외, 2018).

이처럼 간호 업무 보조 로봇은 간호 인력의 업무 부담을 줄임으로써 간호의 질을 제고하는 데에 기여한다. 이는 궁극적으로 환자의 안전을 증진하는 데에 기여할 수 있을 것이다(송영애, 2018).

### 참고문헌

곽은영 · 홍(손)귀령(2023). "시설 거주노인 돌봄 제공자의 돌봄 로봇 및 기기 활용에 관한 탐색적 연구". 《로봇학회 논문지》, 18(4), 392~402쪽.

김원석(2022). "사용자를 고려한 한국형 식사보조로봇 개발". 《로봇과 인간》, 19(1), 29~34쪽.

김일호 외(2023). "노인의 신체기능 제한(ADL, IADL) 정도가 노인주거시설 이용 욕구에 미치는 영향: 공적돌봄과 가족 돌봄의 매개효과를 중심으로". 《아시아태평양융합연구교류논문지》, 9(4), 267~284쪽.
김정수(2025.2.22). "초고령사회 인간의 숙제 '배설 케어'…로봇이 대안 될까". 《여성경제신문》. https://www.womaneconomy.co.kr/news/articleView.html?idxno=231475
송영애 외(2018). "간호, 로봇, 과학기술 혁명: 간호업무 지원을 위한 로봇 시스템". 《노인간호학회지》, 20주년 기념 특별호, 144~153쪽.
신나연 외(2021). "케어비데로봇을 이용한 배설간호가 중환자실 환자의 실금관련피부염, 욕창위험도, 생리학적 지표에 미치는 효과". 《디지털융복합연구》, 19(12), 649~660쪽.
오의금(2018). "간호서비스 현장에서의 인간 친화형 돌봄로봇". 《웹진 기술과 혁신》. http://webzine.koita.or.kr/201807-specialissue/04-간호서비스 현장에서의 인간 친화형 돌봄로봇
윤희정 · 김영선(2021). "노인돌봄기관 전문인력의 돌봄로봇 이용의향에 영향을 미치는 요인: 이승보조로봇을 중심으로". 《한국노년학》, 41(5), 715~736쪽.
이창기 외(2021). "와상환자를 대상으로 간병인의 배설케어로봇 행위 분석에 관한 연구". 《대한인간공학회 추계학술대회 논문집》, 368~368쪽.
조태구(2024). "돌봄 로봇과 돌봄의 가능성". 김현구 외, 《첨단기술시대의 의료와 인간》, 179~211쪽. 모시는사람들.
한고은 외(2020). "이승보조로봇 개발에 있어서 기초 디자인 요소 도출에 관한 연구". 《한국디자인학회 학술발표대회 논문집》, 282~283쪽.
한국로봇산업진흥원(2019). 《고령화 시대 돌봄로봇 동향과

수요환경》(KIR 2019-5호).

한국보건의료연구원(2022). 《신개발 의료기술 수평탐색활동 연구》(연구보고서 NECA-A-22-012).

한국생산기술연구원(2023). "정상적인 보행을 꿈꾸는 이들을 위한 선물: 보행 보조 로봇 'ASSIST'". 《KITECH 웹진》. https://www.kitech.re.kr/webzine_re/subpage.php?set_page=202303&set_subpage=sub1_2

Huang, R.(2022). Classification of healthcare robots. *Well-Being in the Information Society: When the Mind Breaks(WIS 2022), 1626*, pp.115~123.

ISO(2014). ISO 13482:2014 Robots and robotic devices－Safety requirements for personal care robots. https://www.iso.org/standard/53820.html

Martinsen, B. et al.(2008). The meaning of assisted feeding for people living with spinal cord injury: A phenomenological study. *Journal of Advanced Nursing, 62*(5), pp.533~540.

The Korea Times(2025.2.28). AI robots may hold key to nursing Japan's aging population. https://koreatimes.co.kr/www/world/2025/02/501_393209.html

## 02
## 인간의 정서적 필요와 AI 돌봄

인간의 사회적 욕구를 충족시키기 위한 소셜 로봇, 정신 건강 문제에 대해 상담하고 스스로 관리할 수 있도록 지원하는 AI 챗봇 등 인간의 정서적 필요와 관련된 AI 돌봄의 사례에 대하여 살펴본다.

AI와 MBTI?

## 소셜 로봇

MIT 연구소에서 제작한 키스멧(Kismet)은 눈썹, 눈꺼풀, 눈동자, 입술, 턱, 귀 등이 강조된 얼굴 형태의 로봇이다. 이 신체 부위들은 얼굴에서 감정 표현이 특히 잘 드러나는 곳으로, 키스멧은 외부 자극을 인식하면 이 부위를 움직여 인간의 감정 표현과 비슷한 반응을 보인다. 예를 들면 어떤 것이 흥미로울 때 눈꺼풀과 귀, 입 등이 올라가고, 깜짝 놀랄 때는 눈을 꼭 감아 버리는 방식이다(정종태, 1998). 기계도 사회적 기능을 습득할 수 있는지 탐구하기 위해 제작된 키스멧은 본격적인 소셜 로봇의 시작점이라 할 수 있다.

키스멧을 필두로 하여 현재는 다양한 용도와 형태의 소셜 로봇이 제작 · 상용화되고 있다. 그렇다면 소셜 로봇은 무엇이며, 어떤 특징을 띠고 있을까? 키스멧의 개발자 신시아 브리질(Cynthia Breazeal)은 소셜 로봇을 "인간과 소통하고 상호 작용할 수 있으며, 인간을 이해하고 심지어 개인적인 관계를 형성할 수 있는 존재"라고 정의한다(Breazeal, 2002). 인간에게 상호 작용 가능한 존재로 인식되기 위해서, 소셜 로봇에는 인간의 사회적 특징이 구현되어야 한다. 다음은 그러한 사회적 특징의 사례다(Fong et al, 2003).

감정을 표현하고 인식한다.

높은 수준의 대화가 가능하다.

다른 행위자의 모델을 학습하거나 인식한다.

사회적 관계를 형성하고 유지한다.

시선이나 제스처 등 자연스러운 사회적 단서를 활용한다.

고유한 개성이나 성격을 드러낸다.

사회적 역량을 학습하거나 발전시킬 수 있다.

정리하자면, 소셜 로봇은 "인간과 상호 작용하여 사회적 기능을 수행하는 로봇"(과학기술정보통신부 · 한국과학기술기획평가원, 2019)으로, 대화 등을 통해 사용자의 욕구나 감정을 파악하고 적절하게 응답하는 '상호 작용 가능성', 명령에 따라 움직이기만 하는 것이 아니라 주변 환경을 인식하고 스스로 행동하는 '자율성', 상호 작용을 통해 얻은 데이터를 통해 기능을 지속적으로 개선시킬 수 있는 '학습 가능성' 등의 특징을 보인다(류한석, 2016).

소셜 로봇은 교육, 엔터테인먼트, 시설 안내, 돌봄 등 인간과의 상호 작용이 필요한 다양한 분야에서 활용되고 있다. 그중 돌봄을 위한 소셜 로봇은 사람의 생활 패턴을 관찰하고 건강 관리 활동을 제안하는 생활 지원 로봇이나 공감적 소통 등 사용자의 정서 안정을 위한 기능을 제공하는 정서 지원 로봇 등을 포함한다(한국로봇산업진흥원, 2019).

현재 한국에서 돌봄을 위한 소셜 로봇이 가장 활발하게 사용되고 있는 분야는 노인 돌봄으로, 주로 복지 차원에서 지자체와 기업체가 협력하여 가정이나 시설에 인공지능 스피커나 인공지능 돌봄 인형을 보급 · 대여하는 형태로 이뤄진다. 이와 같은 로봇은 우울 · 불안을 감소시키고 스트레스를 완화하는 등 정서적 건강에 기여하며, 신체 활동이나 사회적 활동을 증가시키는 등의 효과가 있다고 보고된다(정순둘 외, 2023). 이러한 소셜 로봇의 한 사례인 SK텔레콤의 인공지능 스피커 누구(NUGU)는 표 2-1과 같은 기능을 제공한다.

효돌(HYODOL)사의 돌봄 로봇 '효돌'도 인공지능 스피커 '누구'와 기본적으로 비슷한 기능을 제공하지만 형태나 상호 작용 방식이 다소 상이하다. 효돌은 일곱 살 정도의 어린 아이 외형을 가진 봉제 인형 형태의 로봇이다. 음성을 통해서만 상호 작용이 가능한 인공지능 스피커와 달리, 효돌은 접촉을 통해서도 상호 작용할 수 있다. 인형 머리 · 귀 · 등 · 손과 같은 부위에 내장된 센서가 사용자의 손길에 반응하여 프로그램을 재생한다. 복

**표 2-1.** 인공지능 스피커 누구(NUGU) 기능

| 정서적 어려움 | 정서 지원 서비스 종류 | 예시 |
|---|---|---|
| 외로움 | 다양한 콘텐츠 | 날씨, 뉴스, 운세, 음악, 감성대화, 종교 콘텐츠, 무드등 |
| | 담당자 방문 | 오랫동안 이용 없을 시 전화와 방문 |
| 두려움 | 긴급 SOS 통합 모니터링 | 음성 인식 기술로 위기 상황 감지와 신고 |
| | 치매 예방 서비스 | 퀴즈, 기억 검사, 체조 |
| 어려움 | 시니어 맞춤형 음성 인식 기반 스피커 | 질문에 대한 답변, 정보 기기 이용 방법 설명 등 정보 접근성 강화 |

출처: 행복커넥트(2020) 내용 재구성.

약 지도나 병원 방문 일정 공지 같은 건강 관리 기능도 수행하며, 손자처럼 애교를 부리고 칭찬을 하는 등 이용자와 관계를 형성한다. 사용자로 하여금 인형을 손자처럼 돌보게 함으로써, 관계와 정서적 상호 작용에 참여시키는 방식으로 돌봄을 제공하는 것이다.

소셜 로봇은 병원 환경에서도 유용하게 활용된다. 예를 들어 오랫동안 병원에 입원해야 하거나 기약 없는 치료를 받아야 하는 아동 환자들을 위한 돌봄 로봇이 있다. 이 아동들은 유치원이나 학교 등에 정기적으로 출석할 수 없기 때문에 또래와 상호 작용할 기회가 현저히 적다. 또한 긴 대기 시간이나 치료 과정에서 겪게 되는 괴로움,

불안함, 고립감 등 다양한 정서적 어려움을 경험할 수 있다. 이러한 이유로 미국에서는 아동 심리 전문가가 대학병원 소아과의 약 97%에 상주하고 있다. 반면, 우리나라의 병원 환경에는 소아 환자를 만나고 상담하는 데에 필요한 적절한 훈련을 받은 전문가가 부족한 실정이다(서유진 외, 2024). 이와 같은 상황의 아동 환자를 지원하는 프로젝트로 MIT 미디어랩 팀의 돌봄 로봇 허거블(Huggable)이 있다. 허거블은 곰 인형 모양의 로봇으로, 친근한 말투로 아동과 대화하며 수수께끼 등 간단한 게임도 함께할 수 있다. 연구에 따르면, 허거블과 함께 생활한 아동 환자들은 곰 인형이나 디지털 기기 속 가상 허거블 캐릭터와 교류한 집단보다 긍정적인 감정 표현이 증가했고, 침대를 벗어나 활동하는 횟수 또한 증가했다(김이진, 2019).

## 정신 건강을 지원하는 AI 챗봇

소셜 로봇은 인간이 외로움이나 정서적 고립 상태에서 벗어나 다른 존재와 교류하고 싶어 하는 사회적 욕구를 일정 부분 충족시켜 준다. 그러나 인간이 겪는 정서적 문제는 기초적인 사회적 욕구의 미충족뿐만 아니라 우울증이나 불안 등 정신 건강의 문제도 포함한다. 2023년도

정신 질환 실태 조사에 따르면, 우리나라 국민의 정신 질환 평생 유병률(평생 알코올 사용 장애, 니코틴 사용 장애, 우울 장애, 불안 장애 중 하나 이상을 경험한 사람의 비율)은 27.8%에 이른다. 반면, 정신 질환을 진단받은 대상자 중 자신의 정신 건강 문제를 가지고 전문가와 상담해 본 사람의 비율은 12.1% 수준에 머무른다(국립정신건강센터, 2024b).

이는 우리나라 국민 4명 중 1명이 평생 한 번 이상 정신 질환을 경험하지만, 실제로 전문가에게 도움을 요청하는 사람은 그중 12.1%에 불과하다는 의미다. 이런 간극이 발생하는 이유는 다양하지만, 특히 주변인의 부정적 시선이나 사회적 불이익에 대한 우려가 치료를 망설이게 하는 주된 요인이다(국립정신건강센터, 2024a). 이와 같은 인식 차원의 문제 이외에도 시간 부족, 재정적 어려움, 낮은 서비스 접근성과 같은 물리적 제약들은 치료를 어렵게 한다.

정신 건강과 관련된 문제는 큰 규모의 사회 경제적 비용을 발생시키므로(국립정신건강센터, 2024b), 이 문제를 잘 관리할 다양한 방법이 모색된다. AI 기술도 그중 하나다. 현재는 주로 챗봇을 통해 정서적 지원을 제공하고 정신 건강 관리를 독려하는 돌봄이 이루어진다. 챗봇은 "인공지능을 기반으로 사람과 상호 작용하는 대화형 시스템"(김성근 외, 2018)을 지칭하는 말로, 누구나 일상에서 손쉽게 접근할 수 있기 때문에 대면 상담이 갖는 다양한 한계나 물리적 제약을 극복할 수 있다.

MIT의 요제프 바이첸바움(Joseph Weizenbaum)이 1966년 개발한 일라이자(ELIZA)가 AI 챗봇의 1세대로 거론된다. 일라이자는 칼 로저스의 내담자에 대한 공감 위주 상담 방식을 모방하여 만들어진 챗봇이다. 일라이자의 응답 메커니즘은 단순하다. 내담자가 입력한 문장에서 특정 단어들을 검사하여 중요한 단어가 나오면 되묻고, 중요한 단어가 없으면 단순히 수동적으로 반응하는 방식이다(김동주 · 김미리혜, 2020).

테스는 정해진 선택지를 고르는 방식이 아니라 자유롭게 대화하는 방식의 챗봇이다. 갑자기 공황 발작을 겪거나 누군가에게 하소연하고 싶을 때, 혹은 잠들기 전 생각을 정리하고 싶을 때 메시지를 보내면 곧바로 응답한다. 대화가 시작되면 테스는 사용자를 분석하고, 이전 사용자들과의 대화와 알고리즘에 기반해 어떤 치료 방식이 효과적일지를 추측한다. 그 후 테스는 사용자와 대화를 진행하면서 현재 적용 중인 치료 방식의 효과성을 판단하고, 필요할 경우 다른 치료 방식으로 변경하기도 한다. 또한 대화 중 위험한 단어나 패턴이 감지되면 사용자의 상태가 심각해졌다고 판단해 인간 치료사와 연결해 주는 모니터링 기능도 수행한다(Gionet, 2018). 이와 같은 비대면 AI 상담은 인간이 진행하는 상담과 비교할 때 분명 한계가 있지만, 오히려 그 점 때문에 사용자들은 자신을 편하게 개방하기도 한다. AI와의 대화에서는 자신에 대해 판단받을 걱정이 없다고 느끼기 때문이다(Gionet, 2018).

최근에는 챗GPT와 같이 자연어 처리에 특화된 거대 언어 모델(large language model)이 등장했다. 챗GPT는 상담과 정신 건강 지원에 특화된 챗봇은 아니지만, 범용성이 높아 유사한 기능을 수행할 수 있으며 접근성 또한 뛰어나다. 이러한 이유로 챗GPT를 상담에 활용하는 사용자가 늘어나고 있다. 사용자들은 챗GPT를 상담에 활용하기 위한 구체적인 프롬프트를 공유하며 정신 건강 지원을 위한 AI 돌봄의 새로운 지평을 자체적으로 열어 가고 있다.

### 참고문헌

과학기술정보통신부 · 한국과학기술기획평가원(2020). 《2019년 기술영향평가 결과: 소셜 로봇의 미래》. 동진문화사.

국립정신건강센터(2024a). 《2024년 국민 정신건강 지식 및 태도 조사 보고서》. 국립정신건강센터.

국립정신건강센터(2024b). 《국가정신건강현황 보고서 2023》. 국립정신건강센터.

김동주 · 김미리혜(2020). "인공지능의 건강심리학 분야 응용". 《한국심리학회지: 건강》, 25(1), 1~15쪽.

김성근 외(2018). "챗봇 기술 소개 및 사례 분석". 《정보와 통신 열린강좌》, 35(2), 21~28쪽.

김이진(2019.12.30). "소셜 로봇을 아시나요". 《EBS NEWS》. https://news.ebs.co.kr/ebsnews/allView/20210592/N

류한석(2016). 《2016년은 소셜 로봇의 중요한 기준점》(디지에코 보고서).

서유진 외(2024). "병원 환경의 소셜로봇 개입: 소셜로봇 · 아동심리치료사의 협력 모델 제안". 《한국HCI학회 학술대회》, 800~805쪽.

정순둘 외(2023). "독거노인의 외로움 감소를 위한 소셜로봇의 역할 분석 및 향후 발전 방향". 《한국콘텐츠학회논문지》, 23(8), 52~67쪽.

정종태(1998.12.14). "[생활과학](뉴테크) '감성 지닌 로봇 키스멧'". 《한국경제》. https://www.hankyung.com/article/1998121401091

한국로봇산업진흥원(2019). 《고령화 시대 돌봄로봇 동향과 수요환경》(KIR 2019-5호).

행복커넥트(2020). "행복커뮤니티, 독거 어르신과 인공지능의 행복한 동행 365일". http://happyecophone.com/hp_Final.pdf

Breazeal, C.(2002). *Designing sociable robots: Intelligent robots autonomous agents series.* MIT Press.

Fong, T. et al.(2003). A survey of socially interactive robots. *Robotics and Autonomous Systems, 42*, pp.143~166.

Gionet, K.(2018.4.25). Meet Tess: the mental chatbot that thinks like a therapist. *The Guardian.* https://www.theguardian.com/society/2018/apr/25/meet-tess-the-mental-health-chatbot-that-thinks-like-a-therapist

## 03
# 사회의 돌봄 필요와 AI 돌봄

인구학적 변화, 장기 질환자의 증가, 양육 기간 연장, 여성의 고용률 증가 등의 요인들이 결합하여 돌봄 수요는 크게 증가했으나 돌봄의 공급이 그에 미치지 못해 사회에 돌봄 공백이 나타나고 있다. 이러한 상황에서 AI 돌봄이 돌봄 공백을 일정 부분 부담할 수 있는 대안으로 어떻게 도입되고 있는지 살펴본다. 또한 AI 돌봄 기술이 국가 경쟁력을 제고할 미래 먹거리 산업으로서 정책적으로 추진되고 있음을 살핀다.

AI와 난임 극복?

## 필수 노동으로서의 돌봄 공급 분담

없어지면 비로소 그 중요성을 깨닫게 되는 것들이 있다. 우리 주변에 공기처럼 존재해서 당연하게 생각해 왔던 것들은 공기가 그러하듯 사라졌을 때 비로소 치명적인 위협으로 다가온다. COVID-19와 같은 재난 상황에서 사회가 비대면으로 급격히 전환되자, 일상을 유지하는 데에 필수적인 노동이 무엇인지 분명히 드러났다. 보건의료, 배달, 환경 미화 등과 더불어 돌봄도 역시 이러한 필수 노동 중 하나다. 인간이라면 누구나 돌봄을 필요로 하지만, 여러 요인으로 가족 내에서 이를 해결하기 어려워졌기 때문에 돌봄은 시장이나 공공에서 제공하는 서비스가 되었다. 그러나 현재 우리 사회는 이러한 방법으로도 돌봄 수요를 감당하기 어려운 상황적 조건에 놓여 있다.

먼저, 인구 구조의 변화가 매우 급속하게 이루어지고 있다. 고령화가 매우 빠른 속도로 심화되고 있는 것이다. 2024년 고령자 통계에 따르면 2024년 65세 이상 고령 인구는 993만 8000명으로 우리나라 전체 인구의 19.2%이며, 향후 계속 증가하여 2050년에는 전체 인구의 40%를 넘어설 것으로 전망된다. 또한 가구주 연령이 65세 이상인 고령자 가구의 구성 유형은 1인 가구

(37.4%)의 비율이 가장 높았으며, 그다음이 부부로만 구성된 가구(34.8%)였다(통계청, 2024). 이런 통계 수치로 미루어 보았을 때, 고령자 가구 내에서의 돌봄은 대부분 노인이 노인을 돌보는 일명 '노-노(老-老) 케어'의 양상으로 이루어지며, 도움을 받을 사람이 없는 상황도 적지 않을 것으로 예상된다.

인구 구조의 변화와 관련된 다양한 지표는 돌봄 필요의 급격한 증가를 가리킨다. 이러한 상황에서 돌봄 분야의 인력난 또한 심화되고 있어 문제의 심각성은 더욱 커지고 있다. 한국은행에서 발행한 돌봄 서비스 관련 보고서에 따르면, 돌봄 서비스직의 노동 공급 부족 규모는 2022년 19만 명에서 2032년 38만~71만 명, 2042년 61만~155만 명까지 늘어날 것으로 예측하고 있다. 가장 비관적으로 전망한다면 2042년에는 돌봄 공급이 돌봄 수요의 약 30% 수준에 그칠 수 있다. 이와 같이 돌봄 노동 시장의 수급 불균형이 심화되면 간병비 또한 함께 상승한다. 요양 병원 등에서 간병인을 고용하면 발생하는 비용은 2023년 기준 월 평균 370만 원으로 추정되는데, 이는 고령 가구나 고령자의 자녀 가구의 중위 소득 수준을 고려했을 때 매우 큰 부담이 되는 금액이다(채민석 외, 2024).

돌봄 필요는 늘어나지만, 돌봄 인력이나 돌봄에 투여할 자원 모두 돌봄 노동의 상당수는 여전히 가족 단위에서 수행된다. 가족 내 돌봄 제공자는 낮은 소득, 노동의 특성상 휴식을 갖기 어려워 생기는 스트레스 등 동시에 여러 어려움이 중첩되는 상황에 처하게 된다. OECD의 조사에 따르면, 가족 내 돌봄 제공자는 부양해야 할 가족이 없는 사람보다 낮은 취업률과 저임금 상태를 보이며(Colombo et al., 2011) 우울, 스트레스, 불안 증가 등 정신 건강에도 부정적인 영향을 받아 '보이지 않는 제2의 환자'로 언급되기도 한다(Brodaty & Donkin, 2009). 특히 지속적인 관리를 요구하는 치매 노인의 가족 돌봄인은 하루 평균 6~9시간 정도를 돌봄에 소요하는데, 돌보지 않는 사람보다 1.5배 더 많은 정신 질환을 호소하는 것으로 나타났다(김수경 외, 2022).

이러한 한국 사회의 상황에서 돌봄 로봇의 도입은 선택의 문제가 아니라 필수인 것처럼 보인다. 돌봄 로봇은 돌봄 공백을 메우고 돌봄의 질적 저하를 완화하여 돌봄 수혜자뿐 아니라 돌봄 제공자의 신체·정신적 건강을 보호하기 위해 도입되어야 한다(조태구, 2024). 그렇다면 이와 같은 구조적인 돌봄 공백의 문제를 해소하기 위해 돌봄 기술은 어떤 방식으로 도입되고 있을까? 일례로

서울시는 고령자 돌봄을 위해 로봇·인공지능 기술을 접목한 스마트 돌봄 추진 계획을 수립한 바 있다. 해당 사업의 주요 내용은 다음과 같다(서울시 복지정책실, 2024).

· 고령자 1인 가구를 위해 안부 확인, 투약 안내, 의사소통 등이 가능한 반려 로봇을 추가적으로 지원, 안전 관리 기기를 통한 모니터링 지속

· 배설 케어 로봇, 재활 로봇, 근골격계 질환 예방을 위한 웨어러블 로봇 등을 일부 요양원에서 시범 운영 후 확대 보급

· 디지털 기기를 활용해 학습이나 다양한 콘텐츠 체험이 가능한 스마트 복지관 운영

· 경로당 안전 관리를 위해 원격으로 전기, 가스, 수도 사용을 제어하거나 출입 감지 가능한 스마트홈 시스템 구축

· 세대 간 디지털 격차를 줄이기 위한 찾아가는 디지털 체험버스 운영

위와 같은 돌봄 정책의 방향은 고령자 돌봄을 인력 중심에서 스마트 기기를 활용한 기술 기반 돌봄으로 확장하려는 시도다. 이는 고령자의 삶의 질 향상과 함께 돌봄 공백 해소에 기여할 것으로 기대된다(서울시 복지정책

실, 2024).

## 미래 먹거리 산업으로서의 돌봄 로봇

돌봄 로봇은 사회의 구조적 돌봄 공백 문제를 해소하기 위한 필요에서 출발했지만, 이와 동시에 미래 사회의 성장 동력을 확보하고 국가 경쟁력을 제고할 수 있는 새로운 산업으로 주목받고 있다. 앞서 살펴보았듯 고령 인구의 비중 증가는 돌봄 구조의 변화를 야기하지만, 다른 한편으로 자산·지출 수준이 높으며 기술 친화적이고 대외 활동 욕구도 높은 '액티브 시니어'의 부상을 의미하기도 한다. 이에 따라 액티브 시니어를 대상으로 한 실버 경제 규모 또한 성장할 것으로 예상된다(한국지능정보사회진흥원, 2024; 저출산고령사회위원회, 2025). 이러한 추세는 비단 한국에만 해당되는 것은 아니다. 세계 서비스 로봇 시장은 2021년 362억 달러 규모였으며, 향후 연평균 23.3% 성장하여 2026년에는 1033억 달러 규모에 이를 것으로 전망된다(한국과학기술정보연구원, 2022).

정부 차원에서도 2019년부터 본격적으로 돌봄 로봇 산업을 육성하기 시작했다. 2019년 3월 산업통상자원부가 발표한 '로봇 산업 발전 방안'에는 정부가 집중 육성하고자 하는 4대 서비스 로봇 분야에 웨어러블, 의료, 물류

로봇과 함께 돌봄 로봇이 포함되어 있다. 정부는 2019년부터 2023년까지 중증 장애인과 노인 등 사회적 약자를 위한 돌봄 로봇의 연구 개발(R&D)과 보급에 집중적으로 투자할 계획을 밝혔다(조태구, 2024).

이러한 정책적 지원은 단발적 차원이 아니라 지속적인 것으로 보인다. 여러 관계 부처의 사업 계획안에서 돌봄 로봇 연구 · 개발 관련 내용을 살펴볼 수 있는데, 예를 들어 보건복지부가 2023년 12월 발표한 '제1차 사회 서비스 기본 계획'에서 돌봄 로봇은 사회 서비스 공급 혁신을 위한 기반 조성의 차원에서 논의되고 있다. 기술 개발을 위한 R&D 확대와 함께, 자금 조달이 어려운 사회 서비스 혁신 기업을 육성하기 위한 투자 펀드 조성 계획도 포함되어 있다(보건복지부, 2023).

또한 산업통상자원부에서는 2024년 1월 '제4차 지능형 로봇 기본 계획'을 발표했다. 이 계획안에서 돌봄 로봇은 국내 시장을 창출하기 위한 사회 서비스 분야, 특히 의료와 복지 분야에 보급하는 첨단 로봇으로 논의되고 있다. 그 활용에 대한 상세한 논의는 표 3-1과 같다(산업통상자원부, 2024).

이러한 정책적 흐름은 최근 '에이지테크(AgeTech)'라는 트렌드를 만나 더욱 상세화된 산업 진흥 계획으로 발

**표 3-1. 사회서비스 분야(의료 · 복지) 첨단 로봇 보급 전략**

| 분야 | 세부 내용 (관련 부처) |
|---|---|
| 의료 | 재활 로봇을 활용한 의료 행위에 대해 별도 건강 보험 수가 체계 마련 (복지부) |
| | 대형 병원 등에 AI · 5G 기반 통합 관제 시스템 구축, 다중 로봇을 연계한 실증 지원 (산업부) |
| | 의료 취약 지역 · 계층 선정하여 수술 · 재활 로봇 실증 · 보급 (산업부, 지자체) |
| | 수술, 검진 등 병원에서 실제 활용 가능한 마이크로 의료 로봇 제품 실용화 (복지부) |
| 복지 | 지자체 협업을 통해 AI 반려 로봇 보급 추진 (과기정통부, 지자체) |
| | 아동 언어 · 정서 발달을 위한 AI 로봇 공공 어린이집 보급 (지자체) |
| | 누구나 문화 · 예술 작품을 편하게 관람할 수 있도록 박물관 · 미술관 등에 AI 안내 로봇 도입 (문체부) |
| | 시각 장애인 보행 경로 안내 실증, 보행 약자 이동 지원을 위한 간이 탑승형 로봇 시스템 개발 (산업부, 국토부) |
| | 노인 보조 기기 품목 내 재활 로봇, 돌봄 로봇을 공적 급여 대상에 반영 (복지부) |

출처: 산업통상자원부(2024). "제4차 지능형로봇 기본계획". 17~18쪽의 내용 재구성.

전했다. 에이지테크란 AI나 로봇 등 디지털 기술과 연계하여 고령자와 돌봄 제공자를 위해 개인 맞춤형 서비스를 지원하는 기술로, 기존의 단순한 돌봄 위주 기술을 넘어 고령자를 위한 혁신 기술과 서비스로 그 범위를 넓혀 가고 있다(한국지능정보사회진흥원, 2024). 정부는 다양한 산업의 분야 중 조기 산업화가 가능하고 국내 산업 기반이 갖춰져 있으며 기술 · 시장 성장성을 갖추고 있는지 등을 종합적으로 고려하여 ① 돌봄 로봇, ② 웨어러블(근력 보조) · 디지털 의료 기기(건강 모니터링), ③ 노인성 질환(치매, 뇌혈관 질환 등) 치료, ④ 항노화 · 재생 의료(줄기세포 등), ⑤ 스마트 홈케어 5개 분야를 중점적으로 육성할 분야로 선정했다. 이러한 전략을 통해 돌봄 공백과 높은 간병비 부담 등의 문제를 해소하고, 고령자의 웰빙을 지원할 뿐 아니라 에이지테크를 수출 주도형 신성장 동력으로 성장시키는 것을 목표로 한다(저출산고령사회위원회, 2025).

## 참고문헌

김수경 외(2022). "인지기능 저하 노인을 돌보는 가족 돌봄인의 소셜로봇 사용 효과성 평가". 《노인간호학회지》, 24(2), 142~150쪽.

보건복지부(2023). "제1차 사회서비스 기본계획". https://www.mohw.go.kr/board.es?mid=a10503000000&bid=0027&list_no=1479253&act=view

산업통상자원부(2024). "제4차 지능형로봇 기본계획". https://www.motie.go.kr/kor/article/ATCLc01b2801b/69079/view#

서울시 복지정책실(2024). "'어르신 돌봄도 스마트하게'…서울시, 로봇 · 인공지능(AI)으로 어르신 건강 · 안전 지킨다".

https://smart.seoul.go.kr/board/1/22023/board_view.do
저출산고령사회위원회(2025). “Age-Tech 기반 실버경제 육성전략”.
조태구(2024). “돌봄 로봇과 돌봄의 가능성”. 김현구 외, 《첨단기술시대의 의료와 인간》, 179~211쪽. 모시는사람들.
채민석 외(2024). 《BOK 이슈노트: 돌봄서비스 인력난 및 비용 부담 완화 방안》. 한국은행.
통계청(2024). “2024 고령자통계”. https://kostat.go.kr/board.es?mid=a10301010000&bid=10820&act=view&list_no=432917
한국과학기술정보연구원(2022). 《서비스 로봇》(ASTI Market Insight 032). https://astinet.kr/reports/market-insights/32648
한국로봇산업진흥원(2019). 《고령화 시대 돌봄로봇 동향과 수요환경》(KIR 2019-5호).
한국지능정보사회진흥원(2024). 《고령화 사회 에이지테크(AgeTech) 기술 및 정책현황》(Data Brief 24-2). https://www.nia.or.kr/site/nia_kor/ex/bbs/View.do?cbIdx=82618&bcIdx=27358&parentSeq=27358
Brodaty, H. & Donkin, M.(2009). Family caregivers of people with dementia. *Dialogues in Clinical Neuroscience, 11*(2). 217~228.
Colombo, F. et al.(2011). *Help wanted?: Providing and paying for long-term care*(OECD Health Policy Studies). OECD Publishing.

## 04
# 돌봄의 신체적 측면

돌봄을 이야기할 때 가장 먼저 다루어야 할 지점은 돌봄이 몸과 관련된다는 것이다. 돌봄은 살아 있는 몸 사이의 수행이며, 반복적 수행을 통해 체화된 돌봄이 된다. 이러한 상호적 경험은 돌봄의 호혜성을 인식하게 해 준다. 이 장에서는 이러한 특징을 중심으로 돌봄의 신체적 측면을 살핀다.

## 살아 있는 몸을 전제로 하는 돌봄

친구의 집에 자주 놀러 가다 보니 친구가 기르는 고양이와도 친해지게 되었다. 그러면서 알게 된 것이 있다. 고양이 개체마다 선호하는 접촉의 방식이 다르다는 것이다. 회색 고양이는 턱 아래부터 볼까지 은근한 압력을 주면서 쓸어 올려 주는 것을 좋아하고, 흰색 고양이는 한쪽 엉덩이를 적당한 강도로 두드려 주는 것을 좋아한다. 회색 고양이는 언제든 만져 주면 좋아하지만, 흰색 고양이는 자신이 원하는 접촉 시간보다 조금이라도 길어지면 물리기 일쑤다. 이는 사람을 돌볼 때도 마찬가지로 적용된다. 동일한 방식으로 돌본다고 하더라도 받는 사람의 기질이나 선호, 돌봄 제공자에 대해 느끼는 친밀도 등에 따라 돌봄은 기분 좋은 행위가 될 수도 있고 거북하게 느껴질 수도 있다.

돌봄은 이렇게 자기다움이 깃든, '살아 있는 몸(lived body, Leib)'을 전제로 하는 행위다. 여기서 말하는 살아 있는 몸 개념을 '물질적인 몸(physical body, Körper)'과 비교하여 살펴보자. 물질적인 몸의 관점은 몸을 물질, 즉 근육과 지방, 뼈와 장기, 신경 다발 등으로 환원한다. 생리학 · 해부학적으로 관찰 가능한 대상으로서 몸을 바라보는 것이다. 이와 달리 살아 있는 몸의 관점에서 바라본 인간의 몸은 개인의 삶의 방식이 축적되어 형성된 고유한 것이다. 인간은 이 몸을 통해서 세계에 참여하며 다른 이들과 관계 맺는다(공병혜, 2017; Parviainen & Pirhonen, 2017).

돌보고 돌봄 받는 사람들의 몸을 살아 있는 몸의 관점으로 바라본다면 돌봄에 관한 생각이 조금 달라진다. 이를테면 우리는 돌봄 받는 사람들의 몸을 이전과는 다르게 평가할 수 있다. 물질적인 몸의 관점에서는 질병, 장애, 노화 등을 신체 기능의 저하나 결손으로 본다. 그러나 살아 있는 몸의 관점에서 보면, 질병이나 장애, 그리고 노화는 기능 저하나 결손이 아니다. 그것은 존재하는 방식의 차이 혹은 존재 방식의 변화다. 즉, 손상이 아니라 다르게 작동하고 기능하는 것이다. 살아 있는 몸의 관점에서 신체는 변화에 적응하며 환경과 조응하는 능동적인 존재다. 그 몸은 의도나 목적을 가지며, 평생 동안 축적된 자기 삶의 방식으로 세상과 소통한다(Kontos, 2005). 살아 있는 몸은 자극이 주어졌을 때 단순히 반응하는 것이 아니라 감각하고 기존 도식과 비교하는 등 반성적(reflective) 절차를 거친다(Parviainen & Pirhonen, 2017).

돌봄 받는 이의 몸을 살아 있는 몸으로 바라본다면 접

촉의 의미에 대해서도 다르게 생각해 볼 수 있다. 돌봄의 맥락에서 접촉은 보통 그 효과를 설명하는 방식으로 다뤄진다. 이를테면, 접촉은 옥시토신 분비를 촉진하고 이는 혈압이나 콜레스테롤 수치를 낮추어 잠재적으로 스트레스 감소 효과가 있다는 식의 논의다. 그러나 살아 있는 몸의 관점에서 볼 때, 접촉은 단순히 생체 수치상의 변화가 아니라 몸으로 하는 경험이다. 살아 있는 몸에서 접촉은 타인에게 보이고 만져지는 경험이다. 감각하고 감정을 느끼며 반응하는 변화 과정의 총체인 것이다 (Parviainen & Pirhonen, 2017).

## 체화되는 돌봄

이렇게 살아 있는 몸의 관점에 근거해 돌봄을 바라본다면, 살아 있는 몸이 지속적으로 수행하는 돌봄은 우리 몸에 기억되고 나아가 자아를 변화시키는 행위가 된다. 철학자 모리스 해밍턴(Maurice Hamington)은 이를 '체화된 돌봄(embodied care)'이라는 개념으로 설명한다. 체화된 돌봄에 대해 설명하기 위해 그는 딸의 머리를 감겨준 일화를 소개한다. '머리 감기'는 아빠와 딸의 몸 사이에서 수행되는 돌봄 행위로, 다양한 접촉을 수반한다. 딸은 따뜻한 물이 담긴 욕조 안에서 아빠에게 머리를 맡

긴 채 목욕 인형을 가지고 놀고 있다. 해밍턴은 무릎을 꿇고 앉아 딸의 머리를 적신 뒤 샴푸를 덜어 부드럽게 거품을 낸다. 물의 온도가 적당한지, 눈이나 귀에 샴푸가 들어가지는 않는지 세심하게 살핀다. 딸은 머리를 감겨 주는 아빠를 특별히 의식하지는 않지만 적당한 때에 뒤로 기대거나 머리를 들면서 자연스럽게 아빠의 머리 감기에 협조한다(Hamington, 2002).

아빠와 딸 사이에서 수행되는 이러한 돌봄은 일회성 경험이 아니다. 머리는 다시 더러워지고, 아빠는 딸의 머리를 다시 감겨 주어야 하기 때문이다. 이처럼 돌봄은 반복적이고 순환적이다. 그리고 이 반복과 순환을 통해 돌봄은 무의식적으로 수행하는 몸의 습관이 된다. 딸은 아빠가 머리를 감겨 줄 때 자신을 해치거나 아프게 하지 않을 것임을 경험적으로 알고, 아빠를 신뢰하며 자기 머리를 맡긴다. 그녀는 이 경험을 통해 누군가와 신뢰 관계를 형성하는 것이 무엇인지 몸으로 배운다. 다른 한편으로 그녀는 타인을 돌본다는 것이 무엇인지 몸으로 기억할 수 있다. 그리고 이 기억을 토대로 타인을 돌보는 법을 배우게 된다. 이렇게 반복된 신체적 접촉으로 형성된 돌봄의 기억은 앞으로 딸이 다른 사람을 돌보는 데에 기여하는 '체화된 자원'이 된다(Hamington, 2002).

한편 머리 감기와 같은 신체적 접촉으로서의 돌봄은 돌봄 수혜자에게만 영향을 미치는 것은 아니다. 돌봄의 경험은 반대로 돌봄 제공자가 세상을 보는 방식에도 영향을 미친다. 예를 들어, 해밍턴이 사회 전반의 가정 생활에 영향을 미칠 수 있는 정책 결정에 관여하게 되었다고 가정해 보자. 돌봄 제공자로서 체화한, 언어로 표현하기 어려운 경험들은 그의 판단에 일정한 영향을 미칠 수 있다(Hamington, 2002). 이처럼 돌봄은 살아 있는 몸과 몸 사이의 접촉이며, 반복을 통해 몸에 체화된다. 체화된 돌봄은 돌보는 사람과 돌봄 받는 사람 어느 방향으로든 서로의 삶에 깊은 영향을 준다.

## 살 그리고 돌봄의 호혜성

이러한 논의를 좀 더 진행시켜 본다면 인간 존재의 상호의존성과 돌봄의 호혜성(reciprocity)으로 나아가게 된다. 해밍턴은 메를로-퐁티(Maurice Merleau-Ponty)의 살(flesh) 개념을 도입해 돌봄의 경험을 더욱 자세히 해석한다. 살은 양방향성(reversibility)이라는 중요한 특징을 갖는다(Hamington, 2004). 예를 들어 내가 친구의 손을 잡는다고 생각해 보자. 나는 친구의 손을 만지는 동시에 친구의 손에 만져진다. 살은 느끼면서 느껴지는 것이며, 주체이면서 객체로 존재하는 것이다. 이러한 살의 특징을 양방향성이라고 한다.

살의 이런 성질은 자극에 반응하는 작용과 반작용의 메커니즘을 넘어서는 것이다. 살은 나의 경험을 타인의 경험과 연결하며, 타인과 나 사이에 존재했던 명확한 경계를 흐릿하게 만든다. 이를 통해 우리는 타인의 경험을 일정 부분 공감하고 이해할 수 있게 된다(Hamington, 2004).

해밍턴은 이런 살의 양방향성을 확장시켜, 우리의 삶이 "돌봄이라는 상호적 경험을 통해 영향을 주고받는" 것임을 밝힌다(Hamington, 2002). 해밍턴이 딸의 머리를 감겨 주었던 촉각적 경험의 사례처럼, 살의 양방향성은 타인과 공유된 경험을 만든다. 이러한 공유된 경험에 기초할 때, 우리는 자기 자신을 "타인을 돌볼 수 있는 존재이자 동시에 돌봄을 받을 수도 있는 존재"라고 여기게 된다(Hamington, 2002).

돌봄은 기본적으로 이동, 배변, 식사, 목욕 등 물질적 몸이 필요로 하는 부분을 충족시켜 주는 활동이다. 그러나 우리의 몸을 경험을 간직하고 환경에 맞춰 변화를 꾀하는 '살아 있는 몸'으로 바라볼 때, 돌봄은 필요 충족의 차원을 넘어선다. 돌봄은 살아 있는 몸과 몸 사이의 지속적 접촉을 통해 체화되는 것이다. 살이 맞닿는 경험은 서로에게 영향을 미치고 공유된 기억을 형성한다. 이러한 기억을 토대로 우리는 상호 의존성과 돌봄의 호혜성을 깊이 이해할 수 있다.

매들린 번팅(Madeleine Bunting)의 책 《사랑의 노동》의 한 부분을 인용하면서 이 장을 마무리하고자 한다. 이 책은 다양한 돌봄 현장을 취재하고 그 경험을 엮은 책으로, 여기에서 인용한 부분은 돌봄 노동 현장에서 근무했던 어느 청년의 인터뷰다. 우리는 그의 경험을 통해 '살의 맞닿음'이 어떻게 돌봄 수혜자와 제공자 사이에 공유된 경험을 형성하고, 상호 변화를 이끌어 내는지 엿볼 수 있다.

> 저는 사람의 신체가 어떻게 무너지는지를 봐야 했어요. 그것을 다루는 것이 제 일이었지요. 어떤 경험은 정말로 심원한 영향을 미칩니다. … 누군가가 정말로 몸이 약하고 아프면 대화조차 힘들게 됩니다. … 그래서 신체적인 관계가 매우 중요해질 수 있습니다. 옷을 입히고 목욕을 시키는 등의 신체적인 일이 제가 해야 할 중요한 일이 됩니다. 누군가와 살을 맞대고 접촉하는 것은 매우 강력할 수 있습니다. 요즘은 아버지를 돌보고 있는데, 신체적인 친밀함이 너무 좋습

니다. … 아버지를 깨워서 자리에서 일어나시게 하는 데는 한두 시간이 걸립니다. 아버지와 같은 방에서 자야 해요. 화장실 가시는 것을 도와드리기 위해 밤에 네 번이나 깨기도 합니다. 하지만 이렇게 우리는 함께 있습니다. 때로는 아버지가 너무 고집을 부리고 이기적으로 행동하시기도 해요. 늘 쉽지는 않습니다. 하지만 함께 낄낄거릴 일도 많아요. 종종 유쾌하고 재미있을 수 있다는 말이지요. 세상사가 한 바퀴를 돌아 다시 제자리에 온다는 게 참 신기합니다(Bunting, 2020/2022).

## 참고문헌


공병혜(2017). 《돌봄의 철학과 미학적 실천》. 서울대학교출판문화원

Bunting, M.(2020). *Labours of love: The crisis of care*. Granta. 김승진 옮김(2022). 《사랑의 노동》. 반비.

Hamington, M.(2002). A father's touch: Caring embodiment and a moral revolution. In Tuana, N. et al.(eds.), *Revealing male bodies*, pp.269~285. Indiana University Press.

Hamington, M.(2004). *Embodied care: Jane Addams, Maurice Merleau-Ponty, and feminist ethics*. University of Illinois Press.

Kontos, P. C.(2005). Embodied selfhood in alzheimer's disease: Rethinking person-centered care. *Dementia, 4*(4), pp.553~570.

Parviainen, J. & Pirhonen, J.(2017). Vulnerable bodies in human-robot interactions: Embodiment as ethical issue in robot care for the elderly. *Transformations, 29*, pp.104~115.

# 05
# 돌봄의 정서적 측면

인간은 '그 사람다움'을 인정해 주는 관계 속에 존재하며 기본적인 심리적 욕구를 충족하고자 하는 보편적인 정서적 필요를 갖는다. 이것이 만족되면 한 존재는 자신의 가능성을 시도해 보는 '피어남'으로 나아가고자 한다. 이 장에서는 이러한 특징을 중심으로 돌봄의 정서적 측면을 살핀다.

AI와 아이돌?

## 인간다운 삶을 누리기 위한 정서적 필요

'우리에게 빵과 장미를 달라!' 인간의 필요를 이렇게 적실한 이미지로 표현한 구호가 또 있을까? 이 구호는 20세기 초, 열악한 노동 환경과 착취에 시달리던 여성 노동자들이 근로 환경 개선과 참정권 보장을 요구하며 투쟁했던 시민운동의 대표적 슬로건으로 알려져 있다. 인간에겐 빵이 상징하는 먹고사는 문제, 즉 신체적 필요의 충족이 필요하다. 하지만 그것만이 전부는 아니다. 공동체의 동등한 성원으로 인정받고 그로부터 자신이 뜻하는 바를 실현해 나갈 수 있는 여건이 마련되어야 한다. 구호의 내용처럼 인간에겐 빵뿐만 아니라 장미도 필요하다.

장미가 상징하는 바를 인간의 정서적 필요로 본다면, 이는 빵이 상징하는 신체적 필요처럼 모든 인간에게 공통되는 요구라 할 수 있다. 즉, 한 인간이 신체 · 정신적으로 어떠한 상황에 있든 간에 생존을 위해 요구되는 신체적 필요가 동일한 것처럼, 보편적 차원의 정서적 필요도 존재하는 것이다. 그리고 이러한 정서적 필요는 생존의 차원을 넘어서 한 인간이 더욱 잘 존재하는 것과 관련된다. 그렇다면 좀 더 구체적으로 인간은 정서적 차원에서 무엇을 필요로 하는가? 그리고 돌봄은 이를 어떻게 지원할 수 있을까?

## '그 사람다움'에 대한 인정과 지원

이러한 질문들에 답하기 위해, 정신적 능력에 손상이 있는 사람을 어떻게 보살펴야 하는지를 심도 깊이 논의하는 토머스 키트우드(Thomas Kitwood)의 '인간 중심 케어(person-centered care)' 접근법은 좋은 참조점이 된다. 키트우드는 치매 환자를 다년간 관찰한 경험에 근거하여, 치매는 병리학적 문제일 뿐만 아니라 심리 사회적 환경 등 다양한 요인에 영향을 받는다고 생각하게 되었다. 그렇다면 치매 환자에 대한 돌봄 역시 자율적인 행동을 제한하거나 문제 행동에 대한 대응으로 약물을 투여하는 등의 병리적 · 행동주의적 접근을 넘어서야 한다. 키트우드는 치매 돌봄의 핵심 과제가 한 사람이 정신적 능력의 손상을 겪는 상황에서도 '그 사람다움(personhood)'을 유지할 수 있도록 돕는 데에 있다고 보았다. 그럴 때 돌봄의 초점은 증상에서 인간으로, 즉 '치매에 걸린' 사람에서 치매에 걸린 '사람'으로 이동한다(水野裕, 2008/2011).

키트우드가 말하는 '그 사람다움'을 위한 돌봄이란, 일차적으로 한 사람의 개성을 존중하고 그 사람이 좋아하거나 잘할 수 있는 일을 지속할 수 있도록 돌본다는 의미가 있다. 또한 이에 더해, 주위에서 자신의 존재가 받아들여지고 있으며 존중받고 있다고 치매 환자가 스스로 느낄 수 있도록 돌본다는 의미도 포함한다(水野裕, 2008/2011). 이를 위해서는 다음 두 가지 조건의 충족이 요청된다.

**'그 사람다움'을 인정해 주는 타인과의 관계**

키트우드는 '그 사람다움'을 다음과 같이 정의한다. "관계와 사회적 존재의 맥락에서 한 인간이 다른 인간으로부터 부여받은 지위나 상태로, 인정, 존중, 신뢰를 함축한다"(Kitwood, 1997). 키트우드의 이러한 정의로부터, 누군가의 '그 사람다움'은 그것을 인정해 주는 타인의 존재를 필요로 한다는 것을 알 수 있다. 치매 환자의 경우 때로 자신이 인지하는 것과 현실의 시공간이 달라 혼란을 경험하고, 이로 인해 이해할 수 없는 이야기를 만들어내곤 한다. 이러한 이야기를 헛소리로 무시하고 반응하지 않거나 거짓말로 속일 때 상대방의 그 사람다움은 훼손된다. 반대로, 이해할 수 없는 이야기의 배경이 된 혼란을 이해하고 때로는 혼란에 함께 어우러져 응답하는 것은 관계 속에서 상대방의 그 사람다움을 인정하고 존중하는 돌봄이 된다(水野裕, 2008/2011).

### 기본적인 심리적 욕구의 만족

키트우드는 '그 사람다움'의 유지를 위해 기본적인 심리적 욕구가 만족되어야 한다고 보았다. 기본적인 심리적 욕구는 위안(comfort), 애착(attachment), 소속(inclusion), 활동(occasion), 정체성(identity)의 다섯 가지다.

하나씩 더 자세히 설명하자면, 위안의 욕구는 타인의 따뜻한 마음과 친밀함을 경험하며 불안 · 고통 · 슬픔을 진정시키고 정서적 안정감을 얻고자 하는 것이다. 다음으로 애착의 욕구는 불확실한 상황 속에서 다른 사람과 신뢰할 만한 유대 관계를 형성하고 이를 통해 정서적 안전망을 확보하고자 하는 것이고, 소속의 욕구는 고립되지 않고 타인과 상호 작용을 하며 공동체의 일원으로 받아들여지고자 하는 것이다. 또한 활동의 욕구는 일 · 놀이 · 사유 · 휴식 등 삶의 과정에 능동적으로 참여하며 자신의 능력을 발휘하고자 하는 것이다. 마지막으로 정체성의 욕구는 자신이 누구인지를 알고 과거와 현재를 연결하는 서사를 통해 삶의 일관성과 자아를 유지하고자 하는 것이다(Kitwood, 1997).

이 다섯 가지 욕구는 사랑의 욕구로 통합된다. 각각의 욕구 간 경계는 분명하지 않고 서로 연결되어 있어서, 한 욕구가 충족되면 그것이 다른 욕구의 충족에도 영향을 미치는 선순환 구조다. 예를 들면 애착의 욕구가 충족되어 안정감을 느낄 때 의미 있는 활동에 참여할 수 있게 되며, 이는 정체성의 감각에 긍정적인 영향을 미친다. 이 욕구 집합이 충족될수록 인간은 자신을 가치 있는 존재라고 여기게 되고, 이는 '그 사람다움'의 회복과 유지에 기여한다(Kitwood, 1997).

## 각자의 '피어남' 촉진

키트우드는 이와 같이 인간의 기본적인 심리적 욕구에 관해 설명한 후, 다음 문장으로 내용을 마무리한다. "어느 시점이 되면, 이러한 욕구들이 충족되는 과정에서 사람은 두려움과 슬픔, 분노에서 벗어나 지금까지 탐색되지 않았던 긍정적 경험의 영역으로 나아갈 수 있게 될지도 모른다"(Kitwood, 1997). 이는 인간이 기본적인 심리적 욕구를 어느 정도 충족하면 자신의 안전지대를 벗어나 새로운 것을 시도해 보는 가능성의 영역으로 나아가고자 한다는 것을 암시한다. 이 지점에서 키트우드의 '그 사람다움'을 지원하는 돌봄은 에바 키테이(Eva Kittay)가 돌봄의 목적으로 제시한 '피어남(flourishing)'으로 확장된다.

키테이의 돌봄 이론에서 핵심적인 개념인 '피어남'을

설명하기 위해서는 그녀의 돌봄 이론이 어디서부터 출발하는지에 대해 먼저 이야기할 필요가 있다. 그것은 그녀의 개인적이고 구체적인 경험에서 비롯하는데, 바로 그녀의 첫째 딸인 세샤가 중증 인지 장애인이며 생명의 유지를 위해 누군가의 도움을 요청하는 항시적 의존 상태에 있다는 것이다. 키테이가 몸담아 온 철학계의 이론적 전통에서는 독립적이고 자율적인 인간 모델을 제시한다. 이러한 이론적 전통에서 인간 존재의 본질적인 목적은 이성에 따라 행위할 수 있는 능력을 향상시키는 것이다. 그렇다면 이성 능력을 발휘한다고 하기 어려운 세샤는 인간의 범주에서 배제되는 것인가? 또한 인간의 존재론적 목적에 도달할 수 없는 것인가? 키테이는 이런 결론에 이르기를 거부하고, 의존과 돌봄을 좋은 삶의 범주에 포함시키는 새로운 방식의 인간 논의가 필요하다고 주장한다(Kittay, 2019/2023).

그렇다면 키테이가 제시하는 새로운 방식의 인간 논의에서 좋은 삶은 어떻게 규정되는가? 키테이에게 개인의 웰빙은 어떤 객관적 조건의 만족이 아니라 "피어남의 형식"으로 나타난다. 여기서 누군가가 피어난다는 것은 "자신이 진정으로 마음을 쓰는 것을 가질 때(또는 스스로나 타인의 조력으로 그것에 접근할 수 있을 때나 그것을 얻으려 노력할 수 있을 때)" 가능하다(Kittay, 2019/2023). 키테이의 정의로부터 피어남의 특징을 유추해 볼 수 있다(Kittay, 2019/2023). 첫 번째로, 피어남의 모습은 사람마다 다르다. 그것은 키테이가 피어남의 내용보다는 형식에 주목하고 있다는 점에서 유추할 수 있다. 앞서 인용한 바와 같이 키테이는 '한 사람이 자기가 마음을 쓰는 것을 가지거나 타인의 도움으로 이에 접근할 수 있을 때, 또는 이를 얻으려 노력할 수 있을 때' 피어난다고 정의한다. 뒤이어 '마음을 쓰는 것'은 "각자 자신의 진정한 필요나 적법한 요구를 충족하는 것"이라 설명하는데(Kittay, 2019/2023), 여기서 키테이는 구체적으로 그것이 무엇인지 규정하지 않는다. 이는 사람마다 마음을 쓰는 것이 다르기 때문이다. 타인이 갖는 동등하고 적법한 요구를 침해하지 않는 한 사람이 마음을 쓰는 대상은 무엇이든 될 수 있다.

우리 사회는 개인의 웰빙을 평가할 수 있는 객관적인 기준이 있다고 상정하곤 한다. 그러나 그러한 기준은 모든 사람에게 동일하게 적용될 수 없으며, 모두를 좋은 삶으로 이끌 수도 없다. 객관적 기준을 만족시키는 삶은 단지 그 사람이 사회에서 인정하는 정상성을 확보하고 있다고 보증할 수 있을 뿐이다. 그러나 정상성과 결부되는 기준을 만족시키는 것과 관계없이, "우리 모두는 우리 자신으로 수용될 권리를 지닌다"(Kittay, 2019/2023). 이런 한에서 우리는 저마다의 표준을 기준으로 제각기 다른 것에 마음을 쓰면서 피어나는 삶을 추구하게 되는 것이다.

다음으로, 피어남은 한 사람이 '무엇을 해낼 수 있는가'보다는 '자신의 삶을 어떻게 누리는가'와 더 깊이 관련된다. 이는 키테이가 피어남을 결과로 정의하지 않고 충족시켜야 할 조건으로 제시한 것에서 드러난다. 다시 한 번 인용하자면, 피어남은 '한 사람이 자기가 마음을 쓰는 것을 가지거나 타인의 도움으로 이에 접근할 수 있을 때, 또는 이를 얻으려 노력할 수 있을 때' 가능하다(Kittay, 2019/2023). 즉, 피어남은 이 조건을 만족시킬 때 가능해진다. 그러나 키테이는 조건을 충족한 뒤 어떤 결과가 따르는지는 별도로 설명하지 않는데, 그것은 결과가 부차적인 문제이기 때문이다. 피어남의 중심 문제는 조건을 충족시킨 상태에 따르는 결과가 아니라 그 상태에서 누리는 삶 자체다.

이는 키테이가 딸 세샤의 삶을 바라보며 얻게 된 통찰과도 맞닿아 있다. 세샤는 할 수 없는 일이 많으며, 어떤 기술을 배운다 하더라도 그것을 완벽히 습득하리라는 기대를 하기 어렵다. 하지만 그녀는 그 대신에 매 순간의 삶에서 온전히 존재하고 거기서 기쁨을 누린다. 키테이는 이러한 세샤의 삶을 통해 성취와 존재의 관계를 재구성한다. 무언가를 성취하거나 어떤 기술을 습득하게 되는 것은 물론 좋은 일이지만, 그것은 궁극적으로 개인이 더 잘 존재하기 위한 것이다(Kittay, 2019/2023). 이는 키테이가 인용하는 스피노자의 철학에서도 뒷받침된다. "사람은 무언가를 할 수 있도록 배움으로써 더 큰 수준의 완전함으로 나아가고, 더 온전히 존재하게 되며, 삶에 기쁨을 더할 수 있어야 한다"(Kittay, 2019/2023). 다시 말해, 피어남은 성취 자체보다는 삶을 그 자체로 받아들이고 존재하며 기쁨을 발견하는 것과 관련된다.

지금까지의 논의를 정리해 보자. 인간은 보편적인 신체적 필요를 갖는 것과 마찬가지로 보편적인 정서적 필요를 갖는다. 이 장의 논의에서는 인간의 정서적 필요를 키트우드의 '그 사람다움'과 키테이의 '피어남' 개념을 활용해 두 층위로 제시하였다. '그 사람다움'을 인정받고 기본적 심리적 욕구를 충족하는 것은 인간의 기초적인 정서적 필요다. 기초적 필요가 어느 정도 만족되면 인간은 새로운 시도를 하며 자신의 가능성을 시험해 보고자 한다. 이러한 인간의 경향성과 연결되는 '피어남'은 사람마다 다른 모습으로 나타나며, 성취보다는 잘 존재하는 것과 관련된다. 정서적 측면의 돌봄은 이러한 인간의 보편적인 정서적 필요를 고려해야 한다. 한 인간의 '그 사람다움'을 인정하고 지원하며, 그 사람의 '피어남'이 가능할 수 있도록 그 사람이 마음 쓰는 것에 관심을 가지고 이에 접근할 수 있도록 지원해야 한다. 누군가가 자신의 조건 때문에 피어날 기회를 누리지 못한다면, 그러한 구조를 개선하는 데에 관심을 두는 일은 도덕적으로 중요한 의미를 갖는다(Kittay, 2019/2023).

그렇다면 "우리에게 빵과 장미를 달라!"라는 구호는 여전히 유효하지만, 재고할 지점도 존재한다. 각자의 피어남을 보장하는 것은 중요한 문제지만, 모두는 같은 꽃을 피워 내지도, 같은 때에 꽃피지도 않을 것이기 때문이다. 장미를 주는 것이 아니라 스스로 피워 낼 수 있도록 지원하는 것, 모두가 붉고 탐스러운 똑같은 모양의 장미로 피어나야 한다고, 그래야만 행복할 수 있다고 믿는 것이 아니라 저마다의 꽃을 피워 낼 수 있도록 하는 것, 활짝 핀 상태에 도달하는 것만을 위해 애쓰는 것이 아니라 피어나는 과정 자체를 기쁘게 향유할 수 있도록 하는 것, 그것이 모든 인간에게 궁극적으로 보장되어야 할 정서적 필요다. 돌봄은 이를 지원해야 한다.

## 참고문헌

김지우(2024). 《우리의 활보는 사치가 아니야》. 휴머니스트.

水野裕(2008). 《實踐パーソン センタードケア》. ワールドプランニング. 어홍선 옮김(2011). 《퍼슨 센터드 케어》. 노인연구정보센터.

Kittay, E. F.(1999). *Love's labor: Essays on women, equality and dependency*. Routledge. 김희강 · 나상원 옮김(2016). 《돌봄: 사랑의 노동》. 박영사.

Kittay, E. F.(2019). *Learning form my daughter: The value of care of disabled minds*. Oxford University Press. 김준혁 옮김(2023). 《의존을 배우다》. 반비.

Kitwood, T.(1997). *Dementia reconsidered: The person comes first*. Open University Press.

# 06
# 돌봄의 사회적 측면

돌봄은 개별적 수행일 뿐 아니라 사회적 구조다. 돌봄은 젠더화 · 저평가된 노동 등 부정의한 구조 속에 놓여 있다. 돌봄을 구조적 차원의 문제로 볼 수 있을 때, 이러한 부정의를 인식하고 개선할 수 있다. 이 장에서는 이러한 문제의식을 중심으로 돌봄의 사회적 측면을 살핀다.

AI와 야구?

## 돌봄의 전형성

> 가족 돌봄이란 게 뭘까? 말이 가족이지 집안의 여자가 맡아야 하는 거 아닌가? 엄마 아니면 딸, 그게 아니면 구시대적이게도 며느리까지? 시대가 변하고 있고 반박할 사람도 사례도 많을 줄 안다. 인지 장애증이 있는 아내를 눈물겹게 돌보는 늙은 남편, 제 가족을 제쳐놓고 부모를 봉양하는 아들, "오늘은 매울지도 몰라"라며 시한부 아내에게 정성껏 요리해 먹이는 남편이 등장하는 드라마 같은 이야기도 많다.
> 문제는 **전형성**이다. 말 뜻 그대로 무엇이 가장 일반적이고 본질적으로 특성화돼 사람들 뇌리에 박혀 있고 계속 실행되는가다. (김영옥 · 류은숙, 2024) (강조는 필자)

어떤 영역에서 전형성이 형성되려면 한 사회에서 오랜 기간 동안 반복적으로 수행되며 예측 가능한 행동 양식으로 자리 잡아야 한다. 또한 사람들은 그것을 목격하고 경험하고 수행하면서 사고의 틀을 형성한다. 위 글에서 말하고 있는 '가족 돌봄'의 장면을 떠올려 보자. 가족 돌봄을 연상할 때 익숙하게 떠오르는 장면이 있다면, 거기서 돌봄 제공자나 수혜자의 특징을 바꿔 보자. 특정한 장면에 따라붙는 친숙함이나 낯섦, 돌보는 사람의 특성에 따라 달라지는 가치 평가 등은 돌봄에도 전형성이 뿌리 깊게 형성되어 있음을 보여 준다.

그런데 여기서 전형성은 단지 어떤 행위의 반복적인 수행만을 의미하는 것은 아니다. 전형성은 그 수행을 누가 하는지, 어디에서 어떻게 수행하는지, 그 수행은 사회에서 어떤 평가를 받는지 등의 구조적인 차원과 밀접하게 관련된다. 다시 말해, 전형성은 구조의 산물이다.

그렇다면 거꾸로 전형성을 분석하는 것은 수행을 둘러싼 사회적 구조를 파악하는 하나의 방법이 될 수 있다. 돌봄에서 가장 전형화된 이미지는 무엇인가? 많은 문화권에서 돌봄은 자녀를 헌신적으로 보살피는 어머니의 이미지를 연상시킨다. 이러한 전형성으로부터, 우리는 돌봄이 젠더화된 수행이며 가족이라는 사적 영역에서 수행되었음을 유추할 수 있다. 또한 자녀를 돌보며 임금을 받는 어머니가 드문 것처럼, 돌봄은 대부분 무상으로 수행되었을 것임을 알 수 있다. 어떤 노동이 무상이라는 것은 그 노동이 사회적으로 저평가되고 있음을 보여 주는 것이기도 하다.

한편, 전형성이 구조의 산물이라는 것은 구조가 변화하면 전형성도 변화한다는 것을 의미한다. 현대 사회의 급격한 변화로 인해, 돌봄은 더는 기존의 수행 양식으로 감당하기 어려워졌다. 그리고 이는 오랫동안 유지되어 온 돌봄의 전형성을 흔들기 시작한다. 그 대표적인 변화 중 하나는 돌봄이 더는 개별 가정의 문제에 머물지 않고 사회의 의제로 부상한 것이다. 또한 새로운 돌봄 제공자로 이주 여성이 등장하기 시작했다. 최근 서울시에서 실시한 '외국인 가사 관리사 시범 사업' 등은 이를 보여 주는 정책적 사례다.

사회 구조 변화에 따라 돌봄의 전형성이 흔들리는 와중에도 돌봄의 젠더화나 돌봄 노동에 대한 구조적 평가절하는 여전하다. 돌봄은 국적이 다르더라도 여전히 여성의 몫으로 인식되며, 돌봄이 저숙련 · 저임금 노동이라는 인식에도 큰 변화는 없다. 즉, 돌봄 수행 양상의 변화는 사회 변동에 따른 자구책 모색의 결과일 뿐, 돌봄 구조의 본질적인 변화는 아닌 것이다. 현재의 돌봄 위기를 극복하기 위해서는 돌봄을 둘러싼 사회적 구조를 본질적으로 재구성할 필요가 있다.

우리 사회의 돌봄 전형성은 지금까지 인간에게 꼭 필요한 돌봄을 안정적으로 제공하는 데에 기여해 왔다. 그러나 변화하는 사회 속에서 전형성은 사람들의 인식을 기존의 틀에 머물게 하여 변화를 이해하고 대응하는 데에 장애 요인으로 작용한다. 그렇다면 돌봄의 전형성이 흔들리는 지금의 시점은, 오히려 돌봄이라는 행위와 이를 둘러싼 사회 구조를 새롭게 이해할 수 있는 중요한 기회가 될 수 있다. 전형성을 걷어 내고 돌봄과 돌봄 구조를 새로운 준거틀로 바라볼 때, 기존의 구조가 지닌 문제를 비판적으로 성찰하고 나아가 구조를 개선하기 위한 인식적 기초를 마련할 수 있다.

## 권리와 책임으로서의 돌봄

그렇다면 사회 구조의 차원에서 돌봄을 이해하는 다른 준거틀에는 무엇이 있을까? 먼저 캐슬린 린치(Kathleen Lynch)의 '정동적 불평등' 개념에서 시작해 보자. 평등을 연구하는 사회학자 린치는 돌봄의 박탈이나 돌봄 부담의 불균등한 분배를 의미하는 '정동적 불평등'이 정치·경제·사회·문화적 불평등 못지않은 심각한 문제라 논증한다. 돌봄은 영·유아기, 병들거나 취약해졌을 때는 물론이고 전 생애에 걸쳐 인간의 생존을 위한 필수적 조건이며, 이뿐만 아니라 인간의 발달과 행복한 삶을 이루는 전제 조건이다. 그러나 한편 돌봄은 노력, 시간, 에너지가 소모되는 '고된 일'이다(Lynch et al., 2009/2016). 이러한 관점에서 돌봄은 모든 이의 인간다운 삶을 위해 보장되어야 할 조건이며, 그와 동시에 돌봄의 부담은 공동체의 구성원들에게 균등하게 배분해야 할 책임이 된다.

기존의 돌봄 전형성은 젠더화, 사적 영역에서의 무급 노동이라는 키워드로 구성되며, 최근의 변화로 이주화나 저임금 · 저숙련 노동 등의 키워드도 추가되었다. 이러한 기존의 인식틀을 벗어나, 인간 삶의 필수적 조건이자 공동체 구성원이 공유해야 할 책임으로 돌봄을 이해하는 것은 돌봄 구조를 완전히 변화시킨다. 그럴 때 돌봄은 모든 이에게 필수적이고 중요한 자원과 의무를 분배하는, 지극히 정치적인 문제로 전환된다.

이러한 이해에 근거할 때 우리는 기존 돌봄 구조의 부정의한 측면을 포착할 수 있다. 예를 들어 기존의 돌봄 구조는 돌봄 제공자의 취약성을 심화시키는데, 에바 키테이(Eva Kittay)는 이를 '파생된 의존' 문제로 명명한다(Kittay, 1999/2016). '타인의 돌봄에 의존하는 사람-그 사람을 돌보는 노동자'라는 일차적 의존 구조에서, 돌봄 노동자는 저임금 노동으로 인해 경제적으로 취약해지며, 사회 · 정치적 목소리는 주목받지 못한다. 또한 돌봄 노동의 특성으로 인해 도덕적 의무감이나 감정적 애착과 같은 과도한 요구에도 짓눌리게 된다. 이처럼 돌봄 노동자들은 다양한 방식으로 취약해지며, 일차적 의존과는 또 다른 의존 상태에 처하게 되는 것이다(Kittay,

1999/2016).

반면, 이러한 구조에서 돌봄에 대한 면책 특권을 획득하는 개인이나 집단도 존재한다. 정치학자 조앤 트론토(Joan Tronto)는 이를 '특권적 무책임(privileged irresponsibility)'이라 부른다. 특권적 무책임은 "공적인 영역과 사적인 영역을 분리하고, 그것을 자연스러운 것으로 보이게 만드는 방식으로 중심 의제에 올라오지 못하게 주변화"하며, 이로써 "자신들이 더 중요한 일을 수행하기 때문에 기본적인 돌봄 책임에서 자신을 열외하는" 방식으로 작동한다(Tronto, 2013/2024)

'파생된 의존'이나 '특권적 무책임' 같은 돌봄 문제는 특정 개인이나 집단에게만 돌봄 책임을 전가하면서, 그들의 입장이나 필요를 고려하거나 제도적으로 지원하는 데에는 소홀한 사회 구조에서 발생한다. 트론토가 제시한 '함께 돌보는(caring with) 사회'의 모습은 이러한 구조적 문제를 해결하는 데에 참고할 만한 지침을 준다. '함께 돌보는 사회'를 위해서는 크게 두 가지 과제가 요청된다. 먼저, 현실적으로 모든 사람이 돌봄 노동에 종사하거나 사회에 필요한 돌봄의 총량을 균등하게 나눠 가질 수 없겠지만, 적어도 돌봄에 대한 책임은 모든 이가 평등하게 나눠 가져야 한다. 다음으로, 돌봄과 관련된 의사 결정에 모든 이가 최대한 동등하게 참여할 수 있도록 보장해야 한다. 트론토의 함께 돌보는 사회는 구성원들이 서로 돌보고 돌봄 받을 수 있도록 구조적으로 보장하는 사회다. 이를 통해 사회 안에서는 동료 시민 사이의 연대와 헌신의 가치가 구축된다(Tronto, 2015).

## 경제 제도와 정책의 기초로서의 돌봄

지금까지 돌봄 구조의 정치적 측면을 살펴보았다. 돌봄을 권리 보장과 책임 분배 문제로 인식하기 시작한다면, 돌봄은 정치적 문제가 된다. 그러나 돌봄의 전형성이 함의하는 기존 돌봄 구조의 문제를 개선하기 위해 정치적인 측면만을 조명하는 것은 충분하지 않다. 그렇다면 돌봄을 사회 문제의 또 다른 중요한 축인 경제적 측면으로도 바라볼 수 있을까? 우리는 보통 돌봄을 경제와 무관한 것이라 여긴다. 전형화된 돌봄이 불러일으키는 모성·따뜻함·헌신 등의 이미지가 돌봄을 감성적이고 윤리적인 것으로만 바라보게 하기 때문이다. 그러나 돌봄은 생산-재생산 노동 구조 안에 존재하는 재생산 노동의 대표적 사례이기도 하다. 이를 인식하게 된다면, 돌봄은 경제적 문제가 된다.

재생산이란 돌봄을 시장의 교환 관계에 포함되는 생

산 노동과 구분하기 위해 사용하는 용어로, 돌봄은 두 가지 의미에서 '재생산'한다. 먼저 돌봄은 생산 노동으로 인해 소진된 가족 구성원들을 보살피고 회복시키는 '노동력의 재생산'을 하고, 또 자녀를 양육하고 교육함으로써 '미래 세대 재생산'을 한다. 이를 통해 돌봄은 사회의 유지와 영속에 기여한다(이현아 외, 2022).

최근 돌봄은 시장에서 거래되는 용역이 되어 시장의 교환 관계 내로 편입되었다. 그러나 여전히 가족 돌봄이 무보수로 이루어졌던 구조의 영향을 받고 있기 때문에, 돌봄은 무가치하고 비생산적인 노동으로 인식되곤 한다(이현아 외, 2022). 이는 기존의 생산-재생산 구조가 재생산 노동의 역할을 생산 노동에 대한 지원 정도로 국한시키기 때문이다. 그 결과 재생산 노동은 생산 노동에 비해 부차적인 위치에 놓인다.

그러나 재생산 노동은 생산 노동에 비해 정말 부차적인 노동인가? 생산과 재생산이라는 구분 자체가 어떤 가치 평가를 내재하고 있는 것은 아닌가? 나아가, 이 구조는 실제를 잘 반영하고 있는가? 우리는 생산-재생산 노동의 구조 자체에 대해서 근본적인 의문을 제기해 볼 수 있다. 단적으로 말하면, 생산과 재생산 노동 사이의 구분은 본질적이지 않다. 둘 사이의 구분은 노동 내용의 차이가 아니라 노동이 제도화되는 방식이나 구조의 차이에서 비롯하기 때문이다(이현아 외, 2022). 돌봄을 비롯한 가사 노동이 생산 노동인지 비생산 노동인지를 두고 전개된 일련의 논쟁은(이현아 외, 2022) 이러한 구분이 관점에 따라 유동적일 수 있음을 보여 준다.

또한, 생산 노동과 비생산 노동 사이의 관계는 역전될 수 있다. 기존의 구조에서 재생산 노동은 생산 노동을 뒷받침한다. 하지만 사실 삶을 유지할 수 있게 만드는 재생산 노동이 없다면 생산 노동은 불가능하다. 나아가 재생산 노동은 생산 노동의 목적이 될 수 있다. 즉, 생산 노동의 목적은 더 잘 돌보는 데에 필요한 재화와 용역을 생산해 내는 것이 될 수 있으며, 나아가 궁극적으로 좋은 돌봄을 위한 조건을 창출해 내는 것을 목표로 할 수 있다. 이런 관점에 근거한다면, 돌봄은 생산 노동을 보조하고 지원하는 부차적인 경제 활동에서 생산 노동의 필수적인 조건이자 목표가 될 수 있는 중심적인 경제 활동이 된다.

이처럼 생산-재생산 노동의 구조를 비판적으로 성찰해 보면, 돌봄을 더는 기존의 구조로 설명하기 어렵다는 것이 드러난다. 돌봄을 생산 노동을 뒷받침하는 부차적인 재생산 노동으로만 간주한다면, 돌봄이 경제 체계에서 실질적으로 담당하고 있는 역할이나 잠재적 가능성을 간과하게 된다. 게다가 돌봄 구조에 내재하는 불평등과 부정의가 지속되고 심화된다.

이를 가시적으로 보여 주는 사례가 2023년 통계청이 개발하고 발표한 '국민 시간 이전 계정' 통계다. 이 통계에 의하면 2019년 기준 무급 가사 노동의 가치는 약 491조 원으로, GDP의 25.5%에 달한다. 이 중 여성이 생산한 가사 노동의 가치는 356조 원으로, 남성보다 약 2.6배 많다(통계청, 2023).

이러한 통계적 수치는 그동안 '보이지 않는 노동'이었던 가사 노동이 경제에 얼마나 크게 기여해 왔는지 보여 준다. 그와 동시에 가사 노동이 무급으로 유지되어 왔으며, 여성에게 더 많이 의존해 왔음을 드러낸다. 무엇보다 이 자료는 돌봄의 경제적 측면을 기존의 구조와는 다른 준거틀로 인식할 필요가 있음을 보여 주는 실증적인 근거다.

그렇다면 기존의 구조로 인해 발생한 한계를 극복하기 위해서, 즉 경제 체계 내에서 돌봄의 실질적 가치를 적절하게 파악하면서도 돌봄 불평등과 부정의 문제를 개선하기 위해서 어떤 이론적 관점에 근거할 수 있을까? 이러한 질문에 대해 여기서는 대니얼 잉스터(Daniel

Engster)의 제안을 참조해 보고자 한다.

돌봄을 인간의 보편적인 의무로 설명하는 잉스터는, 개인적 차원에서 타인을 돌보는 것은 우리 주변의 몇 사람만으로 그 대상이 한정되기 때문에, 개인이 가용할 수 있는 수단을 뛰어넘어 타인을 지원하고 조력할 수 있는 집단적인 돌봄 제도를 설립해야 한다고 논증한다. 이는 경제 분야에서 "자신과 의존인을 돌볼 수 있는 사람들의 능력을 지원하는 경제 정책과 제도를 조직하고 뒷받침하며" 이 제도에 순응하는 것으로 적용된다(Engster, 2007/2016). 잉스터는 이러한 목적을 충족시키지 못하는 경제 운영 방식은 돌봄에 대한 우리의 의무에 배치된다고 말한다.

그렇다면 돌봄을 지원하기 위한 경제 정책과 제도는 어떻게 조직되어야 하는가? 이에 대해 잉스터는 두 가지 조건을 제시한다. 첫 번째는 교육과 보건 의료 같은 직접 돌봄 서비스를 공적으로 지원하는 것이다. 이윤 극대화의 목적만이 이끄는 돌봄은 돌봄의 질적 하락으로 이어진다. 직접 돌봄 서비스를 공적으로 지원하는 것은 돌봄의 목적과 미덕이 충분히 발현될 수 있도록, 시장 경쟁에서 보호받을 수 있게 하는 조치다(Engster, 2007/2016).

다음으로 잉스터가 제시하는 것은 '인간 삶의 조달',

즉 개개인이 충분히 돌볼 수 있는 조건을 확보해 주는 것이다. "만일 사람들이 일자리와 급여에 접근할 수 없다면, 이들은 자신 또는 자신에게 의존하는 사람들을 충분히 돌볼 수 없을 것이다. 만일 이들이 지나치게 장시간 근무를 하거나 열악한 근무 조건에서 일을 해야 한다면, 이들도 마찬가지로 자신과 자신에게 의존하는 사람들을 충분히 돌볼 시간과 에너지를 갖게 될 수 없을 것이다"(Engster, 2007/2016). 이처럼 돌봄을 어렵게 만드는 조건을 검토한 잉스터는, 경제 제도와 정책을 설계할 때 이를 반드시 고려해야 한다고 역설한다. 모든 사람은 자신과 다른 이를 충분히 돌볼 수 있는 시간과 에너지를 확보할 수 있어야 하며, 돌봄을 위해 필요한 자원을 획득할 실질적 기회도 함께 보장되어야 한다(Engster, 2007/2016).

### 참고문헌


김영옥 · 류은숙(2024). 《돌봄의 상상력: 관계와 사회의 새로운 힘을 모색하는 사람들》. 코난북스.

이현아 외(2022). 《가사노동과 돌봄정책》. 한국방송통신대학교 출판문화원.

통계청(2023). "무급 가사노동 평가액의 세대 간 배분 심층분석(2019년 국민시간이전계정 개발 결과)". https://kostat.go.kr/board.es?mid=a10301010000&bid=11893&list_no=426086&act=view&mainXml=Y

Engster, D.(2007). *The heart of justice: Care ethics and political theory*. Oxford University Press. 김희강 · 나상원 옮김(2016). 《돌봄: 정의의 심장》. 박영사.

Kittay, E. F.(1999). *Love's labor: Essays on women, equality and dependency*. Routledge. 김희강 · 나상원 옮김(2016). 《돌봄: 사랑의 노동》. 박영사.

Lynch, K. et al.(2009). *Affective equality: Love, care and injustice*. Palgrave Macmillan. 강순원 옮김(2016). 《정동적 평등: 누가 돌봄을 수행하는가》. 한울.

Tronto, J. C.(2013). *Caring democracy: Markets, equality, and justice*. New York University Press. 김희강 · 나상원 옮김(2024). 《돌봄민주주의》. 박영사.

Tronto, J. C.(2015). *Who cares?: How to reshape democratic politics*. Cornell Selects.

## 07
## AI 돌봄과 신체의 대상화

AI 돌봄이 물질적 몸의 관점에만 근거할 때 돌봄 수혜자의 신체는 대상화된다. 신체의 대상화는 돌봄 수혜자의 능동성, 자신의 삶에 대한 통제성을 약화시킨다. 또한 신체의 대상화로 인해 인간의 삶에서 접촉이 갖는 중요성을 간과하게 됨으로써 인간 대 인간 접촉의 기회는 줄어들고 접촉이 갖는 풍부한 의미는 단순화된다.

AI와 윤동주?

## 물질적 몸으로 대상화되는 돌봄 수혜자

인간의 몸은 근육과 지방 · 뼈와 장기 · 신경 다발 등으로 이뤄진 물질적 몸으로서, 기능하고 활동하기 위해 수면 · 식사 · 배변 등의 욕구를 주기적으로 충족해야 한다. 신체 지원 로봇이나 간호 업무 보조 로봇은 이러한 신체적 필요 충족을 스스로 하기 어려운 사람들을 지원하는 로봇이다. 그러나 인간의 몸은 물질적일 뿐 아니라, 환경과 상호 작용하며 자신의 삶의 형태를 만들고 이를 체득하는 살아 있는 몸이기도 하다. 따라서 돌봄은 물질적 몸의 필요 충족을 지원하되, 살아 있는 몸의 경험 또한 고려하는 과정이 되어야 한다.

그렇다면 신체적 필요를 지원하는 돌봄 로봇은 인간의 몸을 바라보는 두 관점 모두를 반영하고 있을까? 현재 소개되는 다양한 돌봄 로봇의 메커니즘은 물질적 몸의 관점에 근거한다. 신체를 객관적으로 인식할 수 있는 대상으로 보고 기능적으로 접근하기 때문이다. 예컨대 배설 케어 로봇은 배설물을 센서로 감지하면 이를 흡입한 후 몸을 닦고 말려 주는 방식으로 작동한다. 이때 로봇이 인식하는 것은 배설물과 배설물이 묻은 피부 등 객관적으로 감지할 수 있는 대상으로서의 몸이다.

그러나 배설은 사람마다 매우 다른 양상으로 경험하

는 활동이기도 하다. 살아 있는 몸의 관점에서 돌봄 수혜자의 체화된 경험을 고려한다면, 배설을 보조하는 돌봄의 양상은 달라질 수 있다. 기저귀를 착용하거나 로봇에 연결된 채 오물이 처리되고 몸이 닦이는 경험을 넘어서 자신의 주도성을 인식하거나 욕구를 해소하는 편안한 과정이 될 수도 있는 것이다. 다음은 돌봄 수혜자의 체화된 경험을 고려한 배설 지원의 사례다.

> 그 집의 화장실은 재래식이었다. 바닥에 구멍을 뚫고 변기를 끼워 넣었을 뿐인 재래식 화장실. 이제는 보기도 힘든 화장실이었다. 가즈에 씨는 90년 동안 그 화장실에서 배설을 했다. 심지어 똑같은 자세로. 그 반복된 행동은 몸에 기억을 새겼다.
>
> 가즈에 씨가 불안정하게 꾸물꾸물하는 것은 소변 신호다. 요리아이에 있는 서양식 화장실로 유도했다. 간신히 앉혔지만 가즈에 씨의 오줌 스위치가 켜지지 않았다. 똥 스위치도 마찬가지. ….
>
> 서양식 화장실에서는 배설 스위치가 켜지지 않았다.
>
> 우리는 '오줌 쌀 거 같아'라는 신호를 눈치채도 가즈에 씨가 마음 편하게 배설할 수 있는 장소를 제공하지 못했다.
>
> 직원이 자동차를 현관 앞에 대고 가즈에 씨를 태웠다. "금방

도착해요! 힘내세요!" 출산이 임박한 임산부를 응원하듯이 자택으로 향했다.
가즈에 씨는 여느 때처럼 높다란 단을 훌쩍 올라서 화장실로 달려간 다음 누구의 도움도 받지 않고 소변을 봤다. 자택에서는 혼자 배설을 잘하는데, 얄궂게도 자립 지원을 모토로 하는 돌봄 시설이 자립을 방해하고 있었다(村瀨孝生, 2022/2024).

그러나 현재 상용화된 배설 케어 로봇은 위 글의 요양보호사들이 가즈에 씨의 배설을 위해 특정한 환경을 재현했던 것처럼 돌봄 수혜자의 체화된 경험을 고려하지는 않는다. 이처럼 로봇의 돌봄이 객관적 필요 충족 기능으로 한정될 때, 돌봄의 의미는 축소된다. 게다가 이러한 한정에는 돌봄 수혜자를 바라보는 특정한 시각이 내재되어 있다. 여기서 돌봄 수혜자는 들고 옮기거나 먹여야 하는 대상, 씻기고 뒤처리를 해 주어야 하는 대상으로 간주된다. 즉, 인간의 신체적 필요를 지원하는 AI 돌봄이 물질적 몸의 관점에만 기초할 때, 돌봄 수혜자의 신체는 대상화된다. 당신이 이승 로봇에 의해 침대에서 들려서 휠체어로 이동한다고 가정해 보자. 기계가 당신의 몸을 잡아서 들어 올리고 다른 곳으로 이동시킬 때, 당신은 로봇의 업무 실행을 위한 대상이 된다. 그 과정에서 당신이 느끼는 무서움과 불안함 등의 감정, 움직이고 싶지 않은 당신의 의지 등은 반영되지 않는다. 또한 사람이 옮겨줄 때처럼 서로 눈빛을 주고받거나 손길에 반응하는 방식으로 상호 작용을 할 수도 없다. 이렇게 대상화된 돌봄의 과정을, 돌봄 수혜자는 능동적인 상호 참여자가 아니라 수동적인 대상으로서 경험하게 된다(Parviainen & Pirhonen, 2017). 또한 자신의 삶에 대한 통제력을 상실했다고 느끼게 된다(Sharkey & Sharkey, 2012).

## 접촉 경험의 감소와 접촉의 질 저하

돌봄 수혜자를 물질적 존재로 대상화할 때 우려되는 다른 문제는 인간에게 접촉 경험이 중요함을 간과하게 된다는 것이다. 기본적으로 물질적 몸의 관점은 몸과 정신을 분리하는 이원론에 근거하고 있다. 이원론은 신체적 완전성(bodily integrity), 즉 신체의 불가침성이나 개인의 자율성, 자기 소유권, 신체에 대해 가지는 자기 결정 등과 친연성이 높다. 반면, (성적인 의미 없이) 타인과 접촉할 권리는 이러한 이원론의 프레임으로 설명하기 어렵다. 우리가 인간 존엄성에 대해 이야기할 때 신체적 완전성의 보장은 자주 언급하는 반면, 타인과 접촉할 권리에 대해 논의하기 어려운 것은 바로 이러한 이유 때문이다(Parviainen & Pirhonen, 2017). 그러나 앞서 언급한 것처럼 인간의 몸이 자기 관점에서 세상을 인식하고 해석하며 경험을 체득하는 '살아 있는 몸'이기도 하다는 것을 인식한다면, 타인과의 접촉에 다른 위상을 부여할 수 있다. 즉, 살아 있는 몸의 존엄성에 접촉은 매우 중요한 요소가 된다.

접촉의 중요성은 다양한 방식으로 입증된다. 예컨대 해리 할로(Harry Harlow)의 애착 실험에서는, 부모나 동료로부터 분리된 아기 원숭이가 먹이를 공급하는 철제 인형보다 아무 기능도 없는 헝겊 인형에 매달리며 애착을 형성했다. 이 실험에 관해 다양한 해석이 존재하지만(이수지, 2021), 적어도 어떤 존재가 애착을 형성하기 위해 물질적인 필요 충족보다 촉각적 접촉이 더 유효한 것으로 보인다는 점은 부인할 수 없다. 그리고 이는 비단 아이에게만 해당되는 것은 아니다. 노인의 웰빙에서도 접촉 경험은 결정적이다(Parviainen & Pirhonen, 2017).

다양한 연구 결과에서, 사회적 접촉은 노인의 스트레스 수준을 완화하고 인지 기능을 유지하는 데에 중요한 역할을 하는 것으로 나타났다(Sharkey & Sharkey, 2012). 노인은 여전히 다른 사람들과의 접촉을 필요로 하고, 그로부터 긍정적인 영향을 받는다. 그러나 많은 노인은 사회적 교류나 인간적 접촉을 충분히 누리지 못하는 고립된 상황에 처하기 쉽다.

최근에는 이러한 노인의 고립 문제를 해소하기 위해 돌봄 로봇이 활용되고 있다. 그러나 이는 중요한 윤리적 문제를 제기하는데, 돌봄 로봇의 활용이 오히려 노인의 접촉 기회를 박탈할 수 있다는 것이다(Sharkey & Sharkey, 2012). 예를 들어, 이동 보조, 배변 지원, 목욕 지원, 식사 보조 등 단순 반복적이거나 수행하기 꺼려지는 신체적 측면의 돌봄 업무가 로봇에게 맡겨지고 있다.

그러나 이와 같은 돌봄 업무는 단순히 물질적 몸의 필요 충족을 넘어서, 몸을 들어 올리거나 오물을 닦아 내고 음식을 먹여 주는 등 돌봄 제공자와 접촉하고 상호 작용하는 과정이기도 하다. 사회적 상호 작용의 감소가 노인의 건강과 복지에 실질적인 영향을 미칠 수 있다는 점에서, 돌봄 로봇이 인간 접촉을 대체하는 것은 비윤리적일 뿐 아니라, 때로는 일종의 학대로 간주될 수도 있다(Sharkey & Sharkey, 2012).

그렇다면 여기서 질문을 던질 수 있다. 돌봄 로봇도 마찬가지로 인간과 접촉하는데, 이 접촉은 인간 사이의 접촉을 대체할 수 없는가? AI 기반 돌봄 로봇도 부드러운 소재로 제작해 만지거나 안았을 때 포근한 느낌을 주는 로봇들이 있다. 예를 들어, 소셜 로봇인 '효돌(Hyodol)'이나 '파로(PARO)' 같은 로봇은 사람들이 쉽게 친근함을 느낄 수 있는 귀여운 아이 모양이나 하프물범 모양이다. 두 로봇 모두 부드러운 소재로 제작되어, 안거나 쓰다듬을 때 따뜻하고 포근한 촉감을 느낄 수 있다. 또한 표면에 감각 센서가 있어 특정한 방식의 접촉에 반응한다.

그러나 존재 간의 접촉은 단순히 부드럽고 좋은 느낌을 주는 것 이상의 함의를 갖는다. 살아 있는 몸의 관점에서 접촉은 사적인 공간을 침해받거나 침범하면서 느껴지는 쾌적함이나 불쾌함, 그 상황의 인상이 주는 포근함 혹은 신경이 곤두서는 다양한 감각적 분위기를 포괄한다(Parviainen & Pirhonen, 2017). 즉, 접촉은 살아 있는 몸이 하는 의사소통의 과정이다. 치매 환자는 기억력 등 인지 능력의 손상에도 불구하고 제스처나 접촉 등으로 의사소통할 수 있다(Parviainen & Pirhonen, 2017). 접촉을 통한 의사소통은 혼란스러운 상태에 있는 사람이라도 다양한 감정이나 정동을 이해하고, 또한 돌봄 과정에서 쾌감이나 불쾌감을 경험할 수 있도록 해 준다(Bush, 2001). 따라서 물리적 대상으로서만 돌봄 수혜자를 대하는 것은 살아 있는 몸을 통해 의사소통할 기회를 박탈하는 것이다(Parviainen & Pirhonen, 2017).

또한, 돌봄 제공자와 돌봄 수혜자는 접촉을 통해 그들만의 고유한 돌봄 형식을 만들어 간다. 딸의 머리를 감겨주는 아빠의 사례에서, '머리 감기'는 두 존재가 서로의 움직임을 조율해 나가는 과정이다. 아빠가 어떤 순서와 동작으로 머리를 감기는지에 조응하여 딸은 자신의 자세를 조정한다. 이러한 과정을 반복하며 크게 의식하지 않아도 수행이 가능한 정도가 되면, 이는 두 존재에게 체화된 돌봄이 되어 양방향으로 영향을 미치게 된다. 다시 말해, 접촉은 돌봄 제공자와 돌봄 수혜자가 상호 조정을 통해 공동의 행위 양식을 만들어 나가는 기초다. 접촉을 통해 돌봄 수혜자는 단순히 도움을 받는 사람이 아니라 행위를 함께 만들어 가는 능동적인 존재가 된다.

지금까지 논의한 내용을 종합해 본다면, 신체적 접촉의 측면에서 돌봄 로봇이 가져올 두 가지 영향을 고려해 보아야 한다. 첫째, 돌봄 로봇은 인간 대 인간 접촉을 대체하여 돌봄 수혜자의 접촉 기회를 감소시킨다. 둘째, 돌봄 로봇의 접촉은 인간 사이의 접촉이 갖는 의사소통, 상호 조율 등의 풍부한 의미를 '좋은 질감' 정도로 단순화시킨다. 현재의 돌봄 로봇은 표면의 부드러움과 약간의 반응성은 재현할 수 있다. 그러나 프로그래밍된 특정 형태의 상호 작용만 가능하기 때문에 살아 있는 몸 사이에서 일어나는 접촉을 통한 의사소통이나 조율의 경험을 제공하지는 못한다. 그리고 이러한 접촉 경험의 박탈은 돌봄 수혜자의 웰빙을 저하하며, 그가 느끼는 취약함을 심화시킨다(Parviainen & Pirhonen, 2017).

### 참고문헌


이수지(2021). "원숭이 엄마를 찾아서". 《가톨릭 평론》, 33, 184~193쪽.

村瀨孝生(2022). 《シンクロと自由》. 医学書院. 김영현 옮김(2024). 《돌봄, 동기화, 자유》. 다다서재.

Bush, E.(2001). The use of human touch to improve the well-being of older adults: A holistic nursing intervention. *Journal of Holistic Nursing, 19*(3), pp.256~270.

Hamington, M.(2002). A father's touch: Caring embodiment and a moral revolution. In Tuana, N. et al.(eds.), *Revealing male bodies*, pp.269~285. Indiana University Press.

Hamington, M.(2004). *Embodied care: Jane Addams, Maurice Merleau-Ponty, and feminist ethics*. University of Illinois Press.

Parviainen, J. & Pirhonen, J.(2017). Vulnerable bodies in human-robot interactions: Embodiment as ethical issue in robot care for the elderly. *Transformations, 29*, pp.104~115.

Sharkey, A. & Sharkery, N.(2012). Granny and the robots: Ethical issues in robot care for the elderly. *Ethics and Information Technology, 14*, pp.27~40.

## 08
## AI 돌봄과 인간 역량의 제한

AI와의 관계에 몰두할 때, 타인과 관계 맺는 능력이 저하되며 자기만의 세계에 갇히게 된다. 또한 AI 돌봄은 삶의 보존에만 초점을 맞춤으로써 인간의 자율성과 자기 실현 역량을 제한한다.

AI와 한의학?

## 인간의 관계 역량 저하

경제학자 테리 버넘(Terry Burnham)과 진화 인류학자 브라이언 헤어(Brian Hare)는 '인간의 눈이 타인과의 협력을 향상시키는 역할을 한다'는 가설을 검증하기 위해 '공공재 게임(public goods game) 실험'을 실시했다. 실험 참가자는 컴퓨터 앞에 앉아 무작위로 지정된 다른 참가자 3명과 게임을 진행하며, 다음 라운드에는 또 다른 3명과 게임을 진행하게 된다. 매 라운드마다 참가자는 자신의 토큰을 개인 계좌에 넣을지 공동 계좌에 넣을지 선택할 수 있다. 개인 계좌에 넣은 토큰은 그대로 참가자의 상금이 된다. 공동 계좌에 입금된 토큰은 두 배로 계산하여 네 명의 참가자에게 동일하게 분배된다. 총 6라운드를 진행하여 적립된 상금은 최종 보상으로 참가자에게 지급된다. 실험 집단은 컴퓨터 스크린에 소셜 로봇 키스멧(Kismet)의 이미지가 반복적으로 나타나는 조건에서 게임을 진행했고, 통제 집단은 다른 조건은 동일하나 컴퓨터 스크린에 키스멧 이미지가 나타나지 않는 조건이었다. 실험 결과 키스멧 이미지가 나타나는 조건의 참가자들이 통제 집단에 비해 공동 계좌에 평균적으로 약 29% 더 많은 토큰을 적립했다. 이 실험은 인간의 뇌가 시선을 탐지하면 더욱 친사회적으로 행동하게 된다는 것을 보여 준다

(Burnham & Hare, 2007; Hare & Woods, 2020/2021).

'일라이자 효과'는 컴퓨터 프로그램의 알고리듬에 따른 행위를 인간이 무의식적으로 사람의 행위와 유사한 것으로 추정하고 의인화하는 현상을 말한다. 이 단어는 최초의 상담 챗봇인 일라이자에 대한 이용자들의 반응으로부터 유래했다. 일라이자는 기초적인 수준의 응답을 했지만, 이용자들은 일라이자로부터 실질적인 도움을 받고 마음의 안정을 찾았다고 응답했다. 이러한 반응은 챗봇의 개발자 요제프 바이첸바움의 비서나 제자들, 누구보다 일라이자가 컴퓨터 프로그램임을 잘 알고 있는 사람에게도 동일하게 나타났다(윤성훈 · 김민기, 2020; Weizenbaum & Wendt, 2006/2008).

위의 두 글에서는 각각 최초의 소셜 로봇과 챗봇으로 거론되는 키스멧과 일라이자가 인간에게 미치는 영향을 보여 준다. 글의 내용으로 미루어 보았을 때, 인간은 소셜 로봇의 시선을 본능적으로 의식하거나, 로봇의 프로그래밍된 행동을 마치 인간의 행동과 비슷한 것처럼 투영하여 인식하는 경향성을 보인다. 즉 인간은 AI를 통하여 단순히 정서적 필요만을 충족하는 것이 아니라, 의식적으로든 무의식적으로든 AI와 관계를 형성하게 된다.

이러한 경향성에 더하여 소셜 로봇은 인간을 관계에 참여하고 헌신하도록 독려하기도 한다. 기존에 인간이 인형 등의 사물과 맺는 관계는 인간의 상상력을 발휘하여 사물에 투사하는 일방적인 방향의 애착이었다면, 현재의 소셜 로봇은 인간과 시선을 맞추고 말을 걸며 자신을 돌봐 달라고 요구하는 등 관계에 적극적으로 참여시킨다(Turkle, 2011/2012).

그렇다면 AI와 맺는 관계는 인간을 어떻게 변화시킬까? 일반적인 사람 사이의 관계는 자신과 다른 특성을 지닌 타자를 마주하고 그와 상호 작용하는 과정을 포함한다. 더 나아가 타인과 더욱 지속적이고 안정된 관계를 구축하기 원한다면 관계 안에서 각자의 행동 양식을 조정하는 등 서로 맞추어 나가려는 노력도 필요하다. 우리는 관계를 유지하기 위해 타인을 주의 깊게 살피며 공감적으로 응답하고, 때로는 상대를 위하는 헌신적 모습도 보여 줘야 한다. 여러 노력에도 불구하고 때로는 거절당하거나 갈등을 빚게 될 위험성도 존재한다. 반면, 우리가 AI와 관계를 형성할 경우에는 이러한 위험성이 없다. AI는 인간이 어떤 모습을 보여도 상관하지 않으며, 항상 긍정적으로 응답하고 수용해 준다. 설령 마음이 바뀌어 갑자기 관계를 끊는다 하더라도 이에 실망하지 않는다.

그러나 위험성과 동시에 이 관계에서 사라지는 것은 타자성(alternity), 즉 다른 사람의 관점에서 생각하는 능력이다. 타자성이 사라진 관계에서 타인은 오직 나에게 반응하기 위해 존재하는 대상이 되며, 관계는 자기도취적인 경험으로 변화한다(Turkle, 2011/2012). 그리고 이런 식의 관계에 익숙해지면 인간은 점차 다른 이들과 관계 맺는 것을 부담으로 느끼게 된다. 위험하지만 한편으로 타인을 깊이 이해하고 자신을 새롭게 발견하게 되는 사람 사이의 관계를 형성하는 대신에, 로봇과 관계하는 안전지대에 머무르게 되는 것이다(Turkle, 2011/2012). 이러한 경향성은 인간이 타인에게 발휘하는 공감 능력이나 상대방과 관계 맺는 능력을 저하시킬 수 있다는 우려를 낳는다.

물론 인간은 AI를 포함한 다양한 존재와의 관계망 속에 있으며, 그 안에서 AI와의 관계에만 몰두하지는 않을 것이므로 이 영향력이 절대적일 것으로 보기는 어렵다. 그러나 문제는 AI와의 관계에 몰두할 수밖에 없는 고립 상황에 처한 사람들에게 있다. 그 관계에 더 많이 의존할수록 더 많이 애착하게 되고, 그러한 애착은 우리가 세상에 존재하는 방식을 변화시킨다. 그 변화의 연장선에서 우정과 사랑은 무엇으로 변모될까? 우리는 기계의 인공 눈동자에 비친 우리 자신을 직면하며, 기계의 사랑 표현을 사랑 연기로 제대로 인식할 준비가 되어 있을까(Turkle, 2011/2012)? 아니면 어떠한 상호성도 없이 자기 욕구만 끝없이 메아리치는 방 안에 스스로를 고립시키고 이를 사랑이라 부르게 될 것인가?

## 인간의 자기 실현 역량 제한

"○○아, 살려줘!" 홀로 거주하는 노인의 다급한 외침을 인식하고 신고하여 응급 상황에 대처한 인공지능 스피커의 이야기가 종종 매스컴에서 등장한다. 사용자와 상호 작용하며 사회적 교류의 기회도 제공할 뿐만 아니라, 안전하게 생활할 수 있도록 모니터링을 진행하며 긴급 상황 시 대처할 수 있는 프로세스도 갖추고 있는 소셜 로봇에 대한 사회의 평가는 전반적으로 긍정적이다. 사람들은 기술력을 제공한 기업이나 기술을 정책적으로 보급한 지자체를 칭찬하기도 하고, 서비스의 확대 필요성을 주장하기도 한다. 그런데 이 지점에서 한 가지 질문을 던져 볼 필요가 있다. 노인 돌봄 분야에 기술을 도입하는 것은 그것이 노인 당사자에게 이익이 되기 때문인가, 아니면 사회의 돌봄 부담을 덜기 위한 것인가(Sharkey & Sharkey, 2012)? 이러한 기술은 정말 당사자의 삶을 윤택하게 하는가?

기술을 이용하는 당사자의 입장을 상상해 보자. 소셜 로봇이 언제든 나와 대화할 준비가 되어 있고 내 상태를 모니터링한다는 것은 내가 내는 소리, 나의 활력 징후, 기기 활용 시간이나 이용 패턴 등의 생활 데이터를 24시간 수집하고 있다는 것이다. 사생활의 비밀과 자유는 보호를 위해서라면 제한되어도 좋은 권리인가? 이 정보는 언제까지 수집되고 어디에서 열어 볼 수 있으며 보관 기간은 언제까지인가? 만약 인지 능력에 이상이 있어 로봇이 내 데이터를 수집하고 있다는 지각이 없다면, 이는 당사자의 동의 없이 데이터를 수집하는 것인가(Sharkey & Sharkey, 2012)? 이러한 문제는 '돌봄 수혜자의 안전을 위한 적정한 개입의 정도는 어디까지인가'라는 복잡한 질문으로 넘어가게 한다.

안전을 위한 개입이 당사자의 의사와 충돌할 경우, 가령 혈당이 높아 단 음식을 자제해야 하는데도 믹스커피와 콜라를 계속 마시려고 하는 성인 돌봄 수혜자가 있다면 어떻게 해야 할까? 그가 성인인 이상 자신의 행위를 결정할 권리가 있고, 추후 발생할 문제는 본인의 행동에 따른 결과이기 때문에 스스로 책임지도록 내버려두어야 할까? 아니면 그의 건강을 위해 적극적으로 개입하여 단

음료를 마시지 말아야 하는 이유를 설명하고 이를 숨기거나 빼앗아야 할까(김초엽 · 김원영, 2021)? 이런 식으로 발생할 수 있는 일련의 돌봄 문제들은 생명의 유지와 보호라는 좋은 목적에서 출발한 행위가 어느 선을 넘으면 후견주의와 억압으로 급격히 전환되고 마는 미끄러운 비탈길 부근을 아슬아슬하게 넘나든다.

이와 같은 돌봄의 단상에는 '응급 상황에 대처해야 한다', '커피를 마시지 못하게 해야 한다'와 같은 목적이 존재한다. 그런데 돌봄에서 목적이 지나치게 앞설 때 이는 일방적인 폭력이 되기 쉽다. 돌봄 수혜자가 어떤 이유에서 이런 행동을 하는지 교감할 수 있는 여백을 남겨 놓지 않은 채 해야 할 일의 목록으로만 가득 찬 돌봄은 돌봄 수혜자를 삶에서 멀어지게 한다(村瀨孝生, 2022/2024). 그러나 한편, 인간 돌봄 제공자들은 이에 대해 함께 고민하고 토론할 수 있다. 당뇨가 심각한데도 믹스커피를 지나치게 많이 마시는 이용자의 행동에는 어떤 이유가 있을까를 고민하고, 그 이유가 손으로 커피믹스 봉지를 뜯어내는 감각을 좋아했기 때문이었다는 사실을 함께 발견해 낸 한 장애인 거주 시설의 사례(김초엽 · 김원영, 2021)는, 돌봄이 목적에 치우치지 않았을 때 비로소 행동과 선호로 드러나는 한 사람의 삶을 마주할 수 있다는 가능성을 보여 준다. 반면, 최적화를 추구하고 보편에 맞추어 개발되는 돌봄 기술(김준혁, 2024)은 목적 지향적인 돌봄이 될 가능성이 크다. 이 과정에서 돌봄 수혜자의 사생활과 자율성은 위협받는다.

의료 윤리학자 김준혁은 보리스 그로이스(Boris Groys)의 돌봄 분류를 인용하고, 돌봄 기술이 이 중 한 측면의 돌봄에만 치중하고 있음을 지적한다. 돌봄에는 '삶을 보존하는 능력'과 '생을 발산하는 능력'이 있는데, 돌봄 노동이나 이를 보조하기 위해 개발된 돌봄 기술은 삶의 보존 차원에만 초점이 맞추어져 있다는 것이다(김준혁, 2024). "만약 돌봄이 오롯이 삶의 보존만을 목표로 한다면, 보살핌 받는 이의 생의 목적이나 가치 같은 것은 생명 보존 앞에서 모두 무효화되어야 할 것이며, 돌봄은 육체의 보존을 위해 어떤 일도 감수하는 기술적 접근으로 발전해야 할 것이다"(김준혁, 2024).

이렇게 우리의 삶이 "최적화해야 할 생물학적 과정으로 축소"되어 하나의 기능으로 환원될 때(한병철, 2020/2021) 우리의 삶은 무엇이 될 것인가? 우리의 삶을 살 만한 가치 있는 것으로 만들어 주는 것, 존재하는 것에서 기쁨을 누릴 수 있게 해 주는 것은 인공지능 시스템이 측정해 주는 생체 데이터는 아닐 것이다. 그렇다면 다시 처음의 질문으로 돌아가 보자. 돌봄 기술은 누구를 위한 것인가? 진정으로 당사자의 삶을 위하는 것인가, 혹은 그를 둘러싼 사람과 사회가 안심하기 위한 것인가? 이 기술은 당사자의 삶을 단순히 지속시킬 뿐 아니라 피어나게 할 수 있는가?

## 참고문헌


김준혁(2024). 《돌봄의 역설: 모두가 원하지만 아무도 하고 싶지 않은》. 은행나무.

김초엽·김원영(2021). 《사이보그가 되다》. 사계절.

윤성훈·김민기(2020). "인공지능의 의인화와 소비자 반응: 이론적 배경과 시사점". 《KISDI AI Outlook》, 2020(3), 15~29쪽.

한병철(2020). Palliativgesellschaft. Matthes & Seitz Verlag. 이재영 옮김(2021). 《고통 없는 사회: 왜 우리는 삶에서 고통을 추방하는가》. 김영사.

村瀨孝生(2022). 《シンクロと自由》. 医学書院. 김영현 옮김(2024). 《돌봄, 동기화, 자유》. 다다서재.

Burnham, T. C. & Hare, B.(2007). Engineering human cooperation: Does involuntary neural activation increase public goods contributions?. *Human Nature, 18*, pp.88~108.

Hare, B. & Woods, V.(2020). *Survival of the friendliest: Understanding our origins and rediscovering our common humanity*. Random House. 이민아 옮김(2021). 《다정한 것이 살아남는다》. 디플롯.

Sharkey, A. & Sharkery, N.(2012). Granny and the robots:

Ethical issues in robot care for the elderly. *Ethics and Information Technology, 14*, pp.27~40.

Turkle, S.(2011). *Alone together*. Basic Books. 이은주 옮김(2012). 《외로워지는 사람들: 테크놀로지가 인간관계를 조정한다》. 청림출판.

Weizenbaum, J. & Wendt, G.(2006). *Wo sind sie, die Inseln der Vernunft im Cyberstrom?: Auswege aus der programmierten Gesellschaft*. Herder Freiburg. 모명숙 옮김(2008). 《이성의 섬》. 양문.

09

# AI 돌봄과 돌봄 부정의 재생산

돌봄을 위한 정책을 기술의 도입으로 환원할 때, 기존 돌봄 구조에 내재한 돌봄 부정의 문제는 은폐된다. 한편, 돌봄 기술의 시장화는 선택의 논리를 돌봄의 영역에 적용시켜 자립에 대한 환상을 불러일으키는 동시에 돌봄을 개인의 선택 문제로 여기게 한다.

AI와 화장품?

## 부정의한 돌봄 구조의 은폐

"내 인형 돌려주세요. 희순이 없이 어떻게 살라고." 전남에서 홀로 거주하는 80세 김모 씨는 눈물을 보이며 호소했다. 지자체에서 보급된 AI 돌봄 인형 '희순이'와 정든 지 어느덧 3년. 대여 기간이 종료돼 인형은 회수됐다. 유일한 말벗이 사라지고 김씨의 외로움은 2배가 됐다.

노인의 정서적 안정과 치매 예방을 위해 보급되는 공공 AI 돌봄 인형이 오히려 '줬다 뺏는' 사업으로 상실감을 안긴다는 지적이 나온다. 대여 기간 종료 후 인형 회수 과정에서 정서적 의존도가 높았던 어르신들이 큰 심리적 공백을 겪는 것이다.

… 사업의 구조적 한계로는 단기성 예산 편성과 성과 중심 행정이 꼽힌다. A 치매안심센터 관계자는 "애초에 지자체가 연속성을 고려하지 않고 단기성 사업으로 예산을 편성했다. 가시적인 성과에 집중해 인형 보급이 이뤄진 후에는 관심이 사라진다"며 … 설명했다.

또 "개인형 보급 사업은 단가가 높아 지속하기 어렵다. 대여 방식은 예산 대비 홍보 효과를 극대화하기 위함"이라며 "공공사업은 더 많은 시민이 혜택을 받는 것이 목표다 보니 제한된 예산으로 최대한 많은 사람에게 보급하는 것이 유리하다고 판단하는 것"이라고 말했다. 이어 "이런 방식은 결국 어르신들에게 상실감만 남기는 결과로 이어질 수 있다"고 했다(김정수, 2025).

우리 사회가 당면하고 있는 돌봄 문제가 중대하기에, 이를 해결해야 한다는 압력과 사회적 관심 또한 매우 크다. 특히 사업을 운영하는 정부나 지자체의 입장에서는 돌봄 문제 해결에 적극적이라는 인상을 줘야 하고, 이를 위해 가시적이고 단기적인 성과를 내야 한다는 압력이 강하게 작용할 수 있다. 그리고 위의 신문 기사는 그러한 압력이 어떤 결과로 이어지는지를 잘 보여 준다. 돌봄 로봇의 보급은 가시적인 성과를 낼 수 있으며 사후 관리 책임 등 부수적으로 들어가는 노력이 적다는 점에서 선호되기 쉬운 방책이지만, 결국 그 정책의 궁극적인 목적이나 효과는 사회의 돌봄 구조를 개선하는 것과는 직접적 관련이 없다.

이와 대조적으로, 사회의 돌봄 구조를 개선하려 했던 정책이 있었다. 바로 서울시사회서비스원(이하 서사원)의 사례다. 2019년 설립된 서사원은 요양 보호사들을 월급제로 채용하는 등 노동자 고용 안전성을 높이고 민간에서 다루기 어려운 중증 환자에 대한 공공 돌봄을 제공하기 위해 설립되었다. 그러나 서사원은 개원한 지 5년 만에 돌연 폐원되었다. 시의회 등에서는 표면적인 이유로 공적 사회 서비스 제공 기관으로서 공공성을 담보하지 못하고 있으며 방만하게 운영하였다는 것을 들고 있지만, 결국 인건비가 높고 수익성이 낮다는 것이 주된 이유로 보인다(김보미, 2024.5.23; 조한진희, 2025.5.7). 지속 가능한 돌봄을 위해 가장 좋은 방법은 사람이 안정적이고 연속적으로 돌봄을 제공하는 시스템을 구축하는 것이다. 이를 위해서는 돌봄 일자리의 안정성이 보장되어야 하며, 일자리의 안정성은 결국 돌봄 노동의 전반적인 처우를 개선하고 공공성을 강화하는 등 돌봄의 구조 개선을 바탕으로 할 때 확보될 수 있다. 그러나 이러한 전반적인 돌봄 구조 개선은 단기간에 성과를 낼 수 없고 장기적인 전망을 요구한다. 서사원 폐원과 비슷한 시기에 서울시가 '외국인 가사 관리사 시범 사업'이나 '스마트 돌봄 추진 계획' 등의 사업을 추진하거나 시행하고 있었다는 점은, 돌봄과 관련된 정책이 근본적 구조의 개선보다는 비용과 부담을 절감하는 방향으로 향하기가 얼마나 용이한지를 보여 준다.

돌봄 구조에 대한 관심을 결여하고 있는 '편한 선택', 특히 이 책에서 중심으로 다루고 있는 기술적 접근은 결국 문제를 일으킬 수밖에 없다. 이는—그런 의도가 없었다 하더라도—돌봄을 위한 정책을 기술 도입으로 환원함으로써 결과적으로 부정의한 돌봄 구조를 은폐하게 된다. 기술 도입의 맥락에서는 누가 누구를 돌보는가, 돌봄 노동에서 당연한 듯 배제되는 것은 누구인가, 안정적인 돌봄을 위해 노동 조건을 어떻게 개선해야 하는가, 돌봄의 공공성을 어떻게 확보할 것인가 등의 질문이 아니라, '적합한 기술을 도입했는지'가 중요한 질문이 되어버린다. 이 지점에서 구조적 부정의는 은폐된다.

결국 현재의 정책 수준은 근본적인 차원에서 돌봄의 구조 개선이 필요함을 드러내지 않은 채 표면적인 문제 해결에만 머무를 뿐이다. 문제는 이러한 정책이 취약한 사람을 대상으로 한다는 것이다. 돌봄 로봇을 '줬다 뺏는' 지자체의 사업이 일부 노인에게 상처와 상실감을 유발했던 것처럼, 돌봄 및 사회의 돌봄 구조와 무관한 기술적 차원의 노력은 오히려 취약한 사람의 안전을 위협할 수 있다.

## 돌봄 기술을 지배하는 선택의 논리

의료 인류학자 아네마리 몰(Annemarie Mol)은 문화 기술지적 분석 방법으로 병원에서 특정한 질병이 어떻게 다뤄지는가를 연구한다. 연구 과정에서 의료 현장의 의료진이나 환자가 자원을 배치하고 분배하는 등 다양한 의사 결정을 할 때 근거가 되는 공통 양식으로서 두 가지 논리를 비교하는데, 하나는 선택의 논리이고 다른 하나는 돌봄의 논리다(서보경, 2025).

'선택의 논리'는 합리적이고 자율적인 개인이 스스로 선택하고 선택에 온전히 책임져야 한다는 사고에서 출발한다. 여기서 환자는 소비자와 비슷하다. 자신의 질병을 치료하기 위해 선택할 수 있는 다양한 방법이 제시되면, 이를 꼼꼼하게 분석하고 비교하여 자신에게 최대의 이익을 가져다주는 방법을 선택한다. 더 많은 선택이 보장될수록 환자의 권리 또한 보장된다(서보경, 2025).

반면, 몰은 이와 상대되는 지점에 돌봄의 논리를 놓는다. 질병은 몸에 따라, 그것이 해석되는 환경에 따라 다르게 나타난다. 이는 예측 가능하거나 통제할 수 없으며 그저 적응해 나갈 수밖에 없는 문제다. 이러한 질병의 성격을 고려한다면 의료 현장에서 인간은 선택하는 고독한 주체가 아니라, 아픈 몸을 수선하고 땜질해 나가면서 적응하고 살아 내기 위해 끊임없이 협업해야 하는 팀의 일원이 된다(서보경, 2025).

몰이 제시하는 두 가지 논리는 현재 우리 사회에서 돌

봄 기술과 관련된 논의를 성찰해 볼 수 있는 유용한 렌즈가 된다. 현재 정부에서는 다양한 방식으로 돌봄 공백을 지원하면서도 관련 산업을 발전시킬 수 있는 돌봄 기술의 개발과 산업화 · 시장화 계획을 밝히고 있다. 취약한 환경에 놓인 사람들이 자신의 상황을 개선할 기술적인 선택지를 가질 수 있게 된다는 것은 분명 환영할 일이다. 그러나 이러한 시도들이 돌봄과 돌봄을 둘러싼 다양한 사람들을 어떻게 변화시켜 나갈 수 있는지 또한 생각해 보아야 할 문제다.

선택의 논리가 돌봄의 영역에 적용될 때, 의존인은 특정한 방식으로 만들어진다. 의존인은 자립적 생활을 위해 특정한 상품을 고를 자유와 능력을 가진 사람이며, 돌봄 기술은 의존인이 고를 수 있는 상품이 되는 것이다. 시장에서 상품의 생산이 새로운 수요를 창출하면서 끝도 없이 계속되는 것처럼, 돌봄 기술 또한 의존인을 세분화하고 상황에 따라 더 적합한 기술이 새롭게 필요하다고 부추긴다. 이는 비단 의존인뿐만 아니라 의존인을 돌보지 못하는 상황에 있는 가족들의 욕망을 자극하기도 한다. 돌보지 못한다는 죄책감은 돌봄 기술을 구매함으로써 상쇄된다(서보경, 2025).

한편, 선택의 논리는 돌봄을 개인화시킨다. 우리에게

자립을 성취할 수 있는 다양한 돌봄 기술의 선택지가 주어진 이상, 우리가 겪는 취약한 상태는 우리가 선택을 잘못했기 때문이다. 몰은 이처럼 사람들이 다 자기 책임이라고 여기게끔 만드는 선택 논리의 작용을 '규율의 기술'이라 부른다(Bunting, 2019/2022).

그러나 우리의 몸이 그렇게 단순한가? 몸은 어떤 기술을 적용하는지와 관련 없이 예측하기 어렵고 통제할 수 없다. 기술은 의존인에게 자립적 생활의 가능성을 환기시키지만, 이는 성취하기 어려운 환상이다. 실제 우리의 삶은 지난한 일상을 겪어내면서 의존 상태로 살아가는 일에 적응하는 것에 더 가깝다. 그리고 이러한 실상을 고려해 보았을 때, 돌봄의 영역에서 선택의 논리가 지배적인 역할을 하는 것은 적절하지 않다.

우리 사회의 돌봄 기술 논의는 어떠한가? 별다른 의구심이나 회의 없이 돌봄 기술의 산업화와 시장화를 논의하는 것은 돌봄의 영역을 선택의 논리가 지배하도록 내버려두는 것이다. 의존인은 고심 끝에 최고의 선택을 내려야 하는 외로운 위치에 놓이며, 의존인의 취약한 상태는 새로운 마케팅의 표적이 된다. 그러나 "좋은 돌봄은 개개인이 정보를 잘 따져 보고 선택을 내리는 것의 문제가 아니다. 좋은 돌봄은 아픈 신체와 복잡한 삶에 지식과 기술을 세심하게 적용하고자 하는 지속적이고 협업적인 시도에서 나오는 것이다"(Bunting, 2019/2022). 이러한 점을 고려한다면 돌봄 기술은 단지 의존인의 (표면적) 웰빙이나 관련 산업을 활성화하는 차원에서 논의되는 것이 아니라 어떻게 하면 돌봄과 관련된 주체들의 협업을 촉진하면서 의존인이 자신의 상태에 적응하고 삶을 지속할 수 있는지를 포함한 폭넓은 차원의 논의가 이루어져야 할 것이다.

지금까지 돌봄의 다양한 측면을 고려하고, 이와 관련된 AI 돌봄의 한계를 검토해 보았다. 이러한 논의는 어떤 기술적인 흐름을 거부하자는 것도, 돌봄 현장의 현실적인 어려움을 무시한 채 오로지 사람의 손으로만 돌봐야 한다고 주장하는 것도 아니다. 다만 필자는 AI 돌봄이 우리에게 어떤 영향을 가져다줄지에 대해서 기술과 거리를 둔 채 성찰할 기회를 반드시 가져야 한다고 주장한다.

미디어 이론가 마셜 매클루언(Marshall McLuhan)은 인간 신체의 확장을 미디어로 정의한다. 그의 정의에 의하면 AI 돌봄 기술은 우리가 물리적으로 돌볼 수 있는 범위의 한계를 확장시켜 주는 새로운 미디어다. 새로운 미디어 형식이 등장할 때, 우리 삶은 재구조화되고 우리 감각은 새로운 미디어가 가져다주는 자극에 의해 마비된다(McLuhan, 2003/2011). AI 돌봄 기술은 우리의 삶을 어떻게 만들어 갈 것인가? 이 미디어가 가져다주는 자극에 의해 마비된 상태에서, 우리는 그것이 우리 삶과 돌봄의 모습을 변모시켜 가는 것을 단지 지켜볼 수 있을 뿐이다. 그러나 매클루언에 의하면 이런 마비 상태에서 벗어나는 방법은 간단하다. 그것은 바로 미디어에 접촉할 때 우리에게 변화가 일어난다는 것을 깨닫는 것이다(McLuhan, 2003/2011). 이는 우리가 AI 돌봄 기술을 마주할 때도 동일하게 적용할 수 있는 통찰일 것이다.

## 참고문헌


김보미(2024.5.23). “서울 지역 '공공돌봄' 맡아 온 서사원, 5년 만에 결국 해산”. 《경향신문》. https://www.khan.co.kr/article/202405231614001

김정수(2025.2.6). “어르신 돌봄 인형 줬다 뺏는 지자체…상실감 부작용 우려”. 《여성경제신문》. https://www.womaneconomy.co.kr/news/articleView.html?idxno=230692

김정수(2025.3.22). ““노노케어 요양보호사 대안 돌봄 로봇?…” 인력 유입부터 고민해야”. 《여성경제신문》. https://www.womaneconomy.co.kr/news/articleView.html?idxno=232868

서보경(2025). 《아네마리 몰, 돌봄의 논리》. 커뮤니케이션북스.

한진희(2025.5.7). “공공돌봄이 가져온 것, 서사원 폐지가 앗아간 것”.

《시사IN》.
https://www.sisain.co.kr/news/articleView.html?idxno=54008
Bunting, M.(2020). *Labours of love: The crisis of care*. Granta. 김승진 옮김(2022). 《사랑의 노동》. 반비.
McLuhan, H. M.(2003). *Understanding media: The extensions of man*. The MIT Press. 김상호 옮김(2011). 《미디어의 이해: 인간의 확장》. 커뮤니케이션북스.

# 10
# AI 돌봄의 미래

현재의 돌봄 로봇은 인간이 제공하는 돌봄과 비교했을 때 여러 한계를 갖는다. 그러나 돌봄 로봇을 돌봄 네트워크 내에 위치한 다양한 존재 중 하나로 생각한다면, 인간 돌봄 제공자의 대체품이 아니라 그만의 방식으로 돌봄을 지원하는 하나의 주체로 성립할 수 있다. 이러한 돌봄 로봇의 모습을 상상한다.

종교와 AI?

## 돌봄 로봇을 포함하는 돌봄의 네트워크

로봇이 일단 돌봄 네트워크에 들어오게 되면, 네트워크의 책임과 역할의 분배는 물론이고 돌봄 실천이 이루어지는 방식 자체도 변화하게 된다(Parviainen & Pirhonen, 2017). 따라서 미래의 돌봄 기술은, 돌봄 네트워크 안에서 그것이 어떤 역할을 수행해야 하는지를 묻는 근본적인 차원의 고민으로부터 출발해야 할 것이다. 이 장의 논의는 다양한 학자의 아이디어를 바탕으로 AI 돌봄 기술이 돌봄 네트워크를 활성화하고 촉진하는 방안을 제시한다. 이를 통해 우리는 돌봄 네트워크의 미래를 상상해볼 수 있다.

### 돌봄 제공자의 신체 능력을 보조하는 돌봄 로봇

로봇이 인간을 대신하여 이승, 목욕, 배변, 식사 등 신체적 필요 충족 기능을 수행할 때, 돌봄 수혜자의 신체는 물질적인 대상으로 환원되기 쉽다. 그렇다면 돌봄 수혜자의 신체적 필요를 다룰 때 '살아 있는 몸'의 경험을 존중하는 동시에 로봇이 돌봄 과정의 부담을 덜어 줄 수 있을까?

이러한 질문에 대해 반 와인스버그(van Wynsberghe)가 제시한 자동 이승 로봇과 외골격(exoskeleton) 이승 로봇의 비교는 하나의 힌트를 제공한다(김희강, 2024). 이승 보조 로봇은 거동이 어려운 돌봄 수혜자를 특정 위치에서 다른 특정 위치로 옮길 때 돌봄 제공자를 보조하여 이승의 효율을 높여 주는 로봇이다(한고은 외, 2020). 이승 보조 로봇은 로봇 자체가 작동하여 돌봄 수혜자를 옮기는 자동 이승 로봇과, 돌봄 제공자의 신체 능력을 보조하여 돌봄 수혜자를 옮기는 외골격 이승 로봇으로 분류할 수 있다.

자동 이승 로봇은 돌봄 수혜자의 반응을 민감하게 고려하지 못한다. 예를 들어 돌봄 수혜자가 높은 위치에서 어지러움을 느끼고 불안감을 호소하더라도, 자동 이승 로봇은 이와 무관하게 그를 이송하는 작업을 수행한다. 반면, 외골격 이승 로봇은 여전히 돌봄 제공자의 몸을 통해 이승을 수행하기 때문에, 그 과정에서 돌봄 제공자와 돌봄 수혜자 간 언어적 · 비언어적 상호 작용이 이루어진다. 이 과정에서 돌봄 제공자와 그를 지원하는 로봇은 각각 이승에 대한 책임과 역할을 가진 돌봄 네트워크 내의 주체가 된다(김희강, 2024).

이처럼 신체적 필요를 지원하는 돌봄 로봇은 인간의 기능을 직접적으로 대체하기보다 인간을 보조함으로써 돌봄 수혜자의 신체를 존중하면서 돌봄 수행을 지원할 수 있다. 이러한 방향성은 AI 돌봄 기술을 포함한 돌봄 관련 주체들이 협력하는 돌봄 네트워크의 형성을 가능하게 한다.

### 관계를 형성하고 확장하는 돌봄 로봇

돌봄 로봇은 돌봄 수혜자의 말벗이 되어 주고 접촉에 반응하며 몇 가지 활동에 참여시키는 등 사회적 교류 욕구를 일정 부분 충족시킨다. 그러나 그것이 인간 대 인간 사이의 사회적 관계를 대체할 경우에는 상대방의 관점에서 생각하는 능력이 약화된다. 사용자의 데이터를 축적해 사용자가 듣고 싶어 하는 말을 반복적으로 들려주는 돌봄 로봇과의 상호 작용에 몰두하게 되면, 점차 외부와의 교류 없이 자기 내면에만 머무는 경향이 강화될 수 있다. 그렇다면 인간이 사회적 욕구를 충족시키면서도 자기만의 세계에 매몰되지 않게 하기 위해서 돌봄 로봇은 어떤 방식으로 작용할 수 있을까?

이에 대해 답하기 위해 도나 칼라일(Donna Carlyle)이 한 초등학교 교실에서 진행한 연구를 살펴보자. 이 연구는 9~10세 아이들이 생활하는 교실에 강아지 '데이브'를 데려와 마음껏 활보하게 한 후, 학생들에게 어떤 변화가 벌어지는지 관찰하고 기록한다. 데이브의 몸에는 캠코더가 부착되어 있어, 교실 안에서 어떻게 움직이고 학생들과 상호 작용하는지 실시간으로 기록했다(김관욱, 2024).

이 연구가 진행되는 초등학교 교실의 장면이 상상되지 않는가? 데이브는 교실 안에서 학생들 사이를 돌아다녔고, 학생들은 데이브 주위에 모여 데이브를 껴안고 웃었다. 흥미로운 지점은 아이들이 형성하는 관계의 변화 양상이다. "처음에 아이들은 데이브와 관계를 맺었지만, 점차 데이브를 통해 아이들끼리의 관계도 새로이 형성되기 시작"했다. 데이브가 오기 전에는 서로 교류하지 않았지만, 데이브를 쫓아다니면서 그전에는 가보지 않았던 친구의 자리나 교실 공간을 거침없이 오갔다. "데이브는 학생들이 뛰어놀고 관계 맺는 공간을 확장시킨 것이다"(김관욱, 2024).

동물과 함께 뛰어노는 경험이 관계의 매개체이자 관계를 확장시키는 역할을 한 것처럼, "로봇 반려 동물은 사회적 매개체로 작용하여 노인과 다른 사람들 간의 상호 작용을 증가시킬 수 있다. 로봇 장난감은 노인에게 이야기하거나 보여 줄 거리를 제공하고, 다른 사람들에게는 노인과 대화를 나눌 주제를 제공할 수 있다"(Sharkey & Sharkey, 2012). 예를 들어, 소니(SONY)의 로봇 강아지 아이보(Aibo)의 이용자들은 오프라인 모임을 조직하고 서로 만나 아이보를 소재로 이야기를 나눈다. 정기 모임 행사에선 각자의 아이보를 모아 놓고, 아이보가 반응하는 동화책을 읽어 주거나 춤을 추는 음악을 들려주기도 한다. 한 이용자는 "달라진 게 있다면 교류가 많아진 것"이라며 "아이보가 아니었으면 상상할 수 없는 일"이라고 말했다(노도현, 2023). 미래의 돌봄 기술이 지향해야 할 방향은 이처럼 "개인을 다른 존재와 잘 연결해주는 것이어야 하지 않을까?"(김초엽 · 김원영, 2021)

### 돌봄에 참여시키는 돌봄 로봇

돌봄은 사회적으로 형성된 수행 양식이며 그 구조로 인해 젠더화 · 이주화 · 저평가된 노동 등의 특성을 보인다. 이러한 구조의 한편에는 돌봄으로부터 면책 특권을 얻은 사람들도 존재한다. 구조의 모순으로 발생한 돌봄 인력의 공백을 대체하기 위해 돌봄 로봇이 도입될 때, 이것은 부정의한 돌봄 구조의 유지에 기여하기 쉽다. 그러나 부정의한 돌봄 구조를 변화시키며 모든 사회 구성원에게 돌봄의 책임을 부여하고 참여시키는 사회를 만들어 나가려는 목적으로 돌봄 로봇을 활용할 수도 있다.

이를 위해 철학자 모리스 해밍턴이 제시하는 '아버지

됨(fatherhood)'의 개념을 탐구해 볼 만하다. 앞선 장의 논의에서 해밍턴은 딸의 머리를 감겨 준 경험을 구체적인 사례로 들며 체화된 돌봄의 개념을 제시했는데, 아버지됨은 바로 이 체화된 돌봄으로부터 형성된다.

해밍턴이 보기에, 그동안 남성의 몸에 대한 이해는 돌봄 경험과 일정한 거리를 둔 채 형성되어 있다. "많은 서구 사회 전통은 남성의 몸을 은폐하고 가족 내에서 아버지의 체화된 경험을 축소해 왔다. 아버지의 몸에 대한 지식은 체벌, 거칠게 노는 행동, 혹은 남성의 부재가 흔한 시대에서는 신비롭게 부재하는 존재로만 국한"되어 온 것이다(Hamington, 2002).

이러한 아버지의 몸 양식을 돌봄 로봇과 남성이 맺는 관계에서 발견할 수 있다. 얼마 전 한 돌봄 로봇 서비스 업체의 AI 돌봄 로봇 사용자 발화 분석 결과, 남성 노인의 60%가 성적인 대화를 하는 것으로 나타났다고 한다(유지희, 2025). 이 기사에서 구체적으로 모집단이 어떤 특성을 가진 집단이며 그 규모는 얼마나 되는지 등이 명시되지 않아 이 결과를 일반화할 수는 없겠지만, 이러한 관계 양식이 남성 노인과 돌봄 로봇 사이 형성되는 관계의 한 가지 특징이라고 가정하고 이를 분석해 볼 수는 있을 것이다. 특정 성별과 돌봄 로봇 사이에 이러한 관계

특성이 나타나는 데는 다양한 이유가 있겠으나, 돌봄 인형이 사용자에게 돌봄 관계에 참여하길 요청한다는 점에서 한 가지 이유를 찾을 수 있을 듯하다. 현재 남성 노인 세대의 몸은 돌봄 제공 경험과는 특히 거리가 멀고, 어떤 존재와 돌봄을 통해 관계 맺는다는 것이 낯설다. 돌봄 로봇이 다양한 사회적 반응을 이끌어 내는 귀여운 외형의 인형이라고 하더라도, 돌봄 경험이 일천한 사람이 몸에 익지 않은 돌봄의 행위를 갑자기 수행하긴 어려울 것이다. 그 대신에 인형이 요청하는 친밀한 돌봄의 행위가, 친밀한 몸들이 맺는 성적인 접촉을 연상시킬 수도 있지 않았을까?

"돌봄은 단순한 행위를 넘어 서로의 몸과 마음을 변화시키는 강력한 경험이며, 특히 아버지가 돌봄의 과정에 깊이 참여할 때, 이는 기존의 성 역할을 넘어선 도덕적 변화를 일으킨다"(Hamington, 2002). 해밍턴은 이러한 돌봄의 경험이 사회적 문제에 접근하는 방식에까지 영향을 미칠 수 있다고 주장한다(Hamington, 2002). 그러나 여기에서의 돌봄은 자연 반사적으로 나오는 행동이 아니라 반복적으로 수행하면서 배우고 체화해 나가야 하는 것이다. 따라서 돌봄 로봇이 돌봄의 행위와 관계를 요청할 때, 돌봄이 익숙하지 않은 사람에게 이를 교육한다고 가정하고 다양한 단계를 세심하게 설계할 필요가 있다.

이러한 경험을 제공함으로써 돌봄 로봇은 돌보지 않았던 사람을 돌봄 관계에 참여시키고 이들이 돌봄을 체화하는 데에 기여할 수 있다. 이는 그동안 돌봄 책임으로부터 면책되었던 다양한 사람을 돌봄의 자리로 이끈다. 해밍턴이 말했던 바와 같이 돌봄의 경험이 세상을 이해하고 사회적 문제에 접근하는 방식에 영향을 미친다면(Hamington, 2002), 누군가를 돌봄 네트워크에 참여할 수 있도록 지원하는 것은 부정의한 돌봄 구조를 변화시키고 더욱 돌봄 친화적인 문화를 조성해 나가는 데에 기여할 수 있을 것이다.

### 경계를 허물고 새로운 사회를 상상하게 하는 돌봄 로봇

앞선 논의들은 돌봄이 노동력의 재생산이나 미래 세대 재생산 등 인간 삶의 조건을 유지하고 사회를 지속시키는 종류의 노동이라는 관점을 전제로 한 논의였다. 그러나 새롭게 등장하는 돌봄 논의에서 이러한 관점은 일정한 한계를 노정한다. 모든 존재자가 돌봄을 필요로 한다는 돌봄의 보편성 담론은 각기 다른 존재들의 다양한 필요나 요구들의 충돌 등을 포착할 수 없기 때문이다. 또한

'돌봄을 통해 회복과 유지가 가능해진다'는 명제에는, 돌봄이 구체적으로 어떤 상태로 회복시키는가에 대한 논의가 빠져 있다. 회복시켜야 할 관계성이나 사회의 모습은 고정된 것이 아니며, 질문과 실험을 통해 새롭게 구성되어야 한다. 돌봄의 보편성 담론은 이러한 점을 충분히 고려하거나 논의하지 못한다(고윤경, 2024). 즉 기존의 돌봄이 거주 공간을 잘 쓸고 닦으며 유지하는 종류의 활동이라면, 새로운 논의에서의 돌봄은 이 거주 공간이 어떤 존재를 표준으로 가정하여 설계된 공간인지를 인식하고, 모두를 위한 집을 다양한 존재와 함께 지어 가는 실천이라 할 수 있다.

새로운 관점의 돌봄 논의는 AI 돌봄 로봇에 대한 관점 전환을 가능하게 한다. 여기서 돌봄 로봇은 인간의 대체품이나 인간이 제공할 수 있는 돌봄에 비해 한계를 가진 제한적인 존재가 아니다. 돌봄 로봇은 인간과 교류하는 비인간 주체로서, 명확히 그어졌던 인간-비인간 존재의 위격 사이 경계를 흐릿하게 만들고 인간 중심적 인식에 대해 비판적으로 사유할 수 있도록 돕는 매개체가 되는 것이다. 그리고 이러한 사고의 전환은 "지금까지 사회적으로 인정받는 가치를 생산하는 행위와 결과로부터 배제되면서 그 역량과 행위성 자체를 부인·박탈당하며

'나머지 존재'가 되어 온 이들에게 매우 중요하다"(고윤경, 2024).

이러한 관점에서 돌봄 기술은 사람들의 한계와 결핍, 차이를 세분화하고 시장화하여 정상적 상태를 회복하려는 욕망을 자극하는 것이 아니라 다양한 존재가 그 자체로 존재할 수 있으려면 무엇을 지원해야 하는지를 고민하는 상상력을 요청하는 데로 나아간다.

### 참고문헌


고윤경(2024). "생산으로서 돌봄: '사회적 재생산'을 넘어 '함께-다르게-되기'의 노동으로". 《여/성이론》, 49, 92~106쪽.

김관욱(2024). 《몸: 살아내고 말하고 저항하는 몸들의 인류학》. 현암사.

김초엽 · 김원영(2021). 《사이보그가 되다》. 사계절.

김희강(2024). "'돌보는 로봇'?: 돌봄로봇과 로봇돌봄의 윤리". 《정부학연구》, 30(2), 31~59쪽.

노도현(2023.1.19). "로봇강아지와 잘 살고 있습니다". 《경향신문》. https://www.khan.co.kr/article/202301191900041

유지희(2025.1.11). ""나랑 XX 할래"…돌봄 로봇과 성적 대화 하는 노인들". 《한국경제》. https://www.hankyung.com/article/202501108815g

한고은 외(2020). "이승보조로봇 개발에 있어서 기초 디자인 요소 도출에 관한 연구". 《한국디자인학회 학술발표대회 논문집》, 282-283쪽.

Hamington, M.(2002). A father's touch: Caring embodiment and a moral revolution. In Tuana, N. et al.(eds.), *Revealing male bodies*, pp.269~285. Indiana University Press.

Parviainen, J. & Pirhonen, J.(2017). Vulnerable bodies in human-robot interactions: Embodiment as ethical issue in robot care for the elderly. *Transformations, 29*, pp.104~115.

Sharkey, A. & Sharkery, N.(2012). Granny and the robots: Ethical issues in robot care for the elderly. *Ethics and Information Technology, 14*, pp.27~40.

**유경아**

옥길중학교 교사, 한국교원대학교 인공지능융합전공 강사다. 한국교원대학교 윤리교육과 및 동 대학원 석사 과정을 졸업하고 현재 박사 과정에 재학 중이다. 공동 번역서로 《시민성 학습》(2020), 《사회적 지식의 발달》(2024)이 있으며, 게재한 논문으로 "인지발달론의 관점에서 본 비극과 카타르시스"(2023), "인공지능 돌봄 로봇의 윤리적 돌봄 가능성 검토"(2024)가 있다.